本书出版受到"贵州省区域内一流建设培育学科管理科学与工程……智库联盟——贵商智库"等资助。

自利型领导对绩效的多层次影响

弊端及应对策略研究

万志涛◎著

知识产权出版社
全国百佳图书出版单位
— 北京 —

图书在版编目（CIP）数据

自利型领导对绩效的多层次影响 : 弊端及应对策略研究 / 万志涛著 . — 北京 : 知识产权出版社, 2025. 4. —（数字商业生态治理研究系列丛书）. — ISBN 978-7-5130-9790-1

Ⅰ . F272.5

中国国家版本馆 CIP 数据核字第 20255TW145 号

内容提要

本书通过深入的理论和实证研究,系统分析了如何有效预防和应对自利型领导引发的各种潜在问题。通过约束自利行为,领导者能够显著减少其对团队绩效和员工绩效的负面影响。同时,强调构建积极的组织文化氛围和正确的价值观对于提升团队绩效和员工绩效的重要性。此外,本书还探讨了人力资源管理在选拔管理人员和监督权力行使方面的关键作用,并提供了具体措施来规范管理人员的自利行为,以确保组织的健康稳定发展。

本书不仅为学术研究者提供了丰富的理论与实证依据,还为政策制定者和企业领导者提供了实用的对策和建议。

责任编辑：李小娟　　　　　　　　　　　　　责任印制：孙婷婷

数字商业生态治理研究系列丛书

自利型领导对绩效的多层次影响——弊端及应对策略研究

ZILIXING LINGDAO DUI JIXIAO DE DUOCENGCI YINGXIANG——BIDUAN JI YINGDUI CELÜE YANJIU

万志涛　著

出版发行：**知识产权出版社**有限责任公司	网　址：http:// www. ipph. cn
	http:// www. laichushu. com
电　话：010-82004826	
社　址：北京市海淀区气象路50号院	邮　编：100081
责编电话：010-82000860转8531	责编邮箱：laichushu@cnipr.com
发行电话：010-82000860转8101	发行传真：010-82000893
印　刷：北京中献拓方科技发展有限公司	经　销：新华书店、各大网上书店及相关专业书店
开　本：720mm×1000mm　1/16	印　张：16
版　次：2025年4月第1版	印　次：2025年4月第1次印刷
字　数：251千字	定　价：88.00元

ISBN 978-7-5130-9790-1

前　言

随着对组织管理研究的深入,团队和员工的绩效问题逐渐成为商业界和学术界关注的热点。在推动组织进步的过程中,领导行为起着至关重要的作用,并对团队和员工的绩效有着明显的预测性。然而,自利型领导倾向于将个人利益置于组织和他人利益之上,其对团队和员工绩效的影响仍需进一步研究。同时,自利型领导与团队和员工绩效之间的相互作用机制也需进一步探索,以便在理论和实践上更全面地理解自利型领导与团队和员工绩效之间的关系。目前,关于自利型领导与团队和员工绩效关系的研究尚有较大空间,亟待加强。此外,自利型领导与团队和员工绩效之间中介机制及边界条件的研究也需要进一步深化。因此,深入研究自利型领导与团队和员工绩效之间的相互作用机制显得极为重要。综上所述,本书采用多层理论框架,结合社会信息处理理论、社会认同理论、社会交换理论、资源保存理论和自我资源损耗理论,全面考虑团队权力距离、团队凝聚力、团队心理安全、职场焦虑、组织认同、责任知觉和传统文化等因素,旨在深入探究自利型领导对团队和员工绩效的影响机制。

本书的研究主题由三个子研究组成。

子研究一(第3章):自利型领导对团队绩效的影响机制。从社会信息加工理论的视角,将团队凝聚力纳入模型,探讨其在自利型领导对团队绩效产生影响过程中的中介作用,以及团队权力距离的调节效应。本书通过对问卷调查数据的假设检验表明:自利型领导对团队绩效的负向影响显著,团队凝聚力中介自利型领导和团队绩效之间的关系,团队权力距离在自利型领导对团队凝聚力的消极影响中具有负向调节作用。

子研究二（第4章）：自利型领导对员工绩效的跨层次影响机制：责任知觉、组织认同和传统性的作用。基于社会认同理论和社会交换理论，探讨组织认同和责任知觉对自利型领导与员工绩效关系的中介作用。同时，探讨了文化因素在自利型领导对组织认同和责任知觉的调节作用。通过对问卷调查数据的统计分析表明：自利型领导负向影响员工绩效，组织认同和责任知觉中介自利型领导与员工绩效的关系，员工的传统性负向调节自利型领导对组织认同和责任知觉的负向关系。

子研究三（第5章）：自利型领导对员工绩效的跨层次影响机制：职场焦虑与团队心理安全感的跨层次作用。基于社会信息加工理论、资源保存理论和自我资源损耗理论，实证研究了团队心理安全感和职场焦虑在自利型领导对员工绩效影响机制中的作用。同时，探讨了团队心理安全感对职场焦虑与员工绩效关系的调节作用。本书通过对问卷调查数据的统计分析表明：团队心理安全感和职场焦虑在自利型领导对员工绩效的影响过程中具有部分中介作用；团队心理安全感对职场焦虑与创新绩效的负向关系具有调节作用。

本书的理论贡献如下：丰富了自利型领导对团队绩效和员工绩效之间关系的理论框架，拓展了自利型领导对员工绩效和团队绩效影响机制的研究范畴。通过引入团队凝聚力的中介作用和团队权力距离的调节作用，阐释了自利型领导如何影响团队绩效。同时，从组织认同和责任知觉的间接效应，以及传统性在自利型领导通过组织认同和责任知觉的中介作用影响员工绩效的调节作用，揭示了自利型领导对员工绩效的影响机制。此外，从团队心理安全感和职场焦虑的中介效应视角，阐释了自利型领导如何影响员工绩效，以及团队心理安全感如何调节职场焦虑对创新绩效的影响，从而揭示了自利型领导对员工绩效产生影响的内在过程。

　　本书为管理者提供了若干实践启示:通过限制领导的自利行为,有效遏制自利型领导引发的破坏性影响;引导并鼓励团队成员和员工树立正确的价值观并营造积极的组织氛围,以促进团队绩效和员工绩效的提升。重视团队心理安全感的正面效应,强化对员工职场焦虑情绪的管理,从而降低甚至消除自利型领导对员工绩效的负面影响。加强员工的传统文化的塑造,培育良性的团队文化,增强团队成员的凝聚力及对组织认同感,以缓解领导自利行为对团队绩效和员工绩效的负面影响。同时,通过人力资源管理进行人员的筛选,增强权力行使的监督机制,以约束管理人员的自利行为,确保组织的有序和健康发展。

目　　录

第1章　绪　论

1.1　研究背景

1.1.1　实践背景

在组织运作过程中,领导者扮演着至关重要的角色。其职责是通过个人的影响力激发成员实现组织目标(Yukl,2006),在提升团队绩效和员工绩效方面展现出显著的影响力和关键作用。长期以来,组织行为学对领导理论的研究倾向于探讨建设性领导及其影响(Rafferty and Restubog,2011)。许多学者将研究内容聚焦于那些能够促进积极成果(如组织公民行为、工作投入与创新行为等)的领导者特质。然而,领导风格不仅具有建设性的特质,也涵盖破坏性的方面。相较于积极的领导风格,破坏型领导对员工行为的影响更加显著,因为个体对消极行为的反应比积极行为更强烈(Jiang and Gu,2016)。近年来,媒体频繁报道领导及其行为的消极影响,学术界越来越重视对破坏型领导的研究。自利型领导作为典型的破坏型领导(Schmid et al.,2019),是指那些将个人利益置于下属和组织利益之上的领导者,他们有时会通过损害组织资源来寻求个人利益(Camps et al.,2012)。例如,美林集团前总裁塞恩,在企业经营面临困难,大规模裁员之际,仍然耗费了近122万美元为自己打造了奢华的办公环境。

实践表明,领导的自利行为对其所在的组织和团队成员带来一系列负面影响。世界知名大型能源公司——安然公司的衰落恰为这一论点提供了佐证。该公司通过篡改和伪造账目,误导市场乃至员工,导致投资者和员工遭受巨大损失,而公司董事长和高级管理层却从中谋取私利,最终导致企业走向破产。

综上所述,领导是关系团队和员工结果和行为的重要前因变量。鉴于提高团队绩效和员工绩效是管理者关注的焦点议题,本书旨在探讨自利型领导对团队绩效和员工绩效的影响,并深入分析自利型领导对团队绩效及员工绩效的作用机理。通过实证检验自利型领导与团队绩效和员工绩效之间的关系,揭示了自利型领导在团队绩效和员工绩效关系中的作用机制,并据此提出了促进团队绩效和员工绩效的科学且切实可行的建议。

1.1.2 理论背景

在组织环境中,领导被寄望展现出能够提升下属积极工作态度和工作绩效的道德行为。他们被视为代表并维护组织利益的象征,致力于帮助组织实现其目标并促进下属的福祉。也有理论指出领导是企业为了达到组织目标而给员工施加的一种影响力,体现的是对员工的积极承诺。持有此观点的学者们认为,那些对员工施加威权、辱虐和其他不文明行为的管理者,不应被认同为领导。相反,那些具有积极和建设性特质的管理者,才真正符合领导的本质(Yukl et al.,1992)。因此,已有领导理论大多关注建设性的、积极的或成功的领导过程和行为。作为组织情境中的关键因素,领导行为对团队绩效和员工绩效具有重要影响。然而,鉴于管理实践和理论发展的实际情况,仅通过积极的领导行为来探讨组织行为并不能全面揭示领导理论。大量研究发现,在组织领域中除了存在积极领导行为,还存在与之相反的破坏性领导行为,如辱虐管理、自恋型领导、伪变革型领导等。根据对这些领导的"阴暗面"或"负面领导"对员工和组织(团队)的影响进行探究后,学界已经有了众多的新发现。消极的领导行为引发一系列消极效应,且团队成员和员工对消极的领导风格的感知更为敏感。因此,以消极型领导为研究对象,探讨组织情境中领导的消极行为对团队成员和员工的作用具有重要意义。自利型领导作为典型的非伦理领导风格,引起了学界的关注。自利型领导通过利用组织资源来寻求个人利益(Peng et al.,2019),导致组织或下属利益受损。当前,国内外学者对自利型领导进行了开创性的研究,并取得了一定的进展,为后续的深入研究奠定了基础,但经笔者深入分析后发现,仍有许多问题值得进一步深入探究。

国内外学者对自利型领导进行的系统研究还较少(Decoster et al.,2021),笔者通过对现有文献的梳理和分析发现,研究从不同理论框架和研究层面上揭示了自利型领导对团队绩效和员工绩效的影响机制。研究表明,自利型领导对领导者本人、其下属和整个团队都会产生诸多不利影响(Schyns and Schilling,2013)。在员工层面,坎普斯等(Camps et al.,2012)从社会交换理论和不确定性管理理论的角度发现,自利型领导会导致下属感受到更多的不确定性,而公平的资源分配则有助于减轻员工在应对这些不确定性时产生的负面情绪。德科斯泰等(Decoster et al.,2021)根据有限伦理理论探讨了在结转型和回收型财务预算政策中,自利型领导对员工产生的影响差异。当实施结转型财务预算政策时,会加剧员工对领导者自私行为损害团队以获得利益的感知,从而加强领导行为对员工的情感承诺和离职意向的负面效应。里岑霍夫等(Ritzenhöfer et al.,2019)的研究发现,当下属将领导归为自利型领导时,将减少对领导的组织公民行为的满意度,增加员工离职意向。德科斯泰等(2021)根据社会交换理论和社会信息加工理论,验证了自利型领导行为与员工报复意图和主管导向的越轨行为具有正面影响。同时,研究结果表明,在组织伦理氛围较浓厚的情境下,上述关系将更为显著。毛日佑等(Mao et al.,2019b)基于社会交换理论的视角,发现自利型领导可以显著地负向预测员工对领导的情感承诺,激发员工产生指向领导的负面行为,从而增加员工工作中的反生产行为。周芳芳等(2021)基于认知-情感加工系统框架,指出自利型领导能够激发员工的道德推脱和愤怒两种中介路径,并对员工的越轨行为产生积极的预测作用。

在团队层面,毛日佑等(2019a)基于资源保存理论进行了验证,得出结论:当领导被视为自利时,即便具备能力,其领导能力通过团队心理安全感对团队绩效产生的积极影响也将不再显著。彭坚等(Peng et al.,2019)根据社会信息加工理论和社会学习理论,探讨了领导的自利行为对团队创造力的影响,并分析了团队心理安全感和团队知识隐藏在此关系中的中介效应。刘海洋等(Liu H et al.,2017)以社会交换理论的互惠原则为视角,发现自利型领导会使下属以同样的方式做出回应,降低团队亲社会行为,并阻碍团队建言动机。

团队绩效和员工绩效作为团队和员工研究领域中的核心结果变量,受到了广泛的关注与深入的探讨。以往的研究较多关注积极型领导风格对团队绩效或员工绩效的影响,也有学者研究了破坏型领导,如辱虐管理对员工绩效的影响(Harris et al.,2007)。关于自利型领导对团队绩效和员工绩效的作用机制的研究较少。自利型领导对团队绩效和员工绩效影响机制的研究还有待进一步深入(Decoster et al.,2021)。因此,基于对团队绩效和员工绩效的现有研究的深入分析,本书选取自利型领导作为自变量,而团队绩效和员工绩效作为因变量影响机制。同时,本书还探讨了影响自利型领导效果的情境因素,这对开展自利型领导的研究具有重要的理论和实践意义,且当前研究对于中国本土文化因素在自利型领导与团队绩效关系中的影响探讨尚显不足(杨晓等,2020)。其一,在团队层面,现有研究主要关注团队绩效的影响因素,如团队领导、团队过程等,而较少将文化因素纳入其中。团队权力距离是团队成员面对权力资源配置不均时所表现出的总体态度(Cole et al.,2013)。在本土的管理情境中,团队权力距离是权力距离在团队层面的体现(Yang et al.,2007),是团队的一个典型特征(包艳和廖建桥,2019),高水平的权力距离在本土管理情境中是团队的典型特征,它显著影响团队成员对领导行为的认知和应对方式,从而决定领导有效性的程度。同时,研究自利型领导如何影响团队绩效和员工绩效,以及文化因素如何制约这种影响程度有助于进一步理解二者之间的内在联系。其二,在个体层面,鲍迈斯特等(Baumeister et al.,2004)认为,在研究中应重视文化差异带来的影响。在不同的文化背景下,个体在遭遇不公正对待时,会产生不同的应对策略。因此,在研究自利型领导对员工绩效的关系时,我们应当将能够有效反映我国文化心理情境的传统性纳入理论分析中,这将有助于揭示本土组织管理情境中自利型领导内在的影响机制。传统性作为体现中国人性格与价值观的概念之一(Farh et al.,1997),体现了个人对传统价值观的坚持程度(Schwartz,1992),并且对个人的态度和行为产生影响(Hui et al.,2004;Farh et al.,2007),在管理实践中具有重要意义。其三,团队心理安全感作为团队工作环境的关键要素,被视为一种存在于团队层面的工作资源(Halbesleben et al.,2014)。它体现了员工所感知到的机会或实际获得的支持行为(Hobfoll,2002),进而影响个体对安全感的感知能力,以及员工的行为和态度。当前,有关心理安全感的学术研究主要集中在员工对提出问题或犯错误时所感知的人际风险(Edmondson,1999),而情绪表达与其结合的研究相对较少。此外,员工绩效是个人特质与团队情境互相作用的结果(李群等,2021)。因此,本书在多层次理论的基础上,探讨了自利型领导与团队绩效和员工绩效关系的作用机制,并结合文化因素和团队情境因素,分析了以上因素对模型关系的调节作用,旨在拓展现有研究,并为我国的组织管理实践提供相应的指导和启示。

1.2 研究意义

本书通过采用多层次理论研究框架,基于社会信息加工理论、社会认同理论、社会交换理论、自我资源损耗理论和资源保存理论,构建了自利型领导与团队绩效和员工绩效的多层次理论模型,深入探讨了两者之间的关系及其作用机制,并识别了可能的边界条件。

1.2.1 理论意义

本书拓展了自利型领导的研究边界及其产生的影响,通过探究自利型领导对团队绩效和员工绩效的影响机制,丰富了自利型领导和绩效研究的理论成果。具体而言,本书的理论意义主要体现在以下三个方面。

第一,拓展了自利型领导的研究层次,更加全面地认知自利型领导的影响。目前,关于自利型领导影响的研究主要集中在个体层面。探究自利型领导对下属的心理创伤和负面情绪(Camps et al.,2012)、员工的合作意愿(Decoster et al.,2014)、员工对领导的满意度、领导的组织公民行为、员工的离职倾向(Ritzenhöfer et al.,2019)、员工的反生产行为(Mao et al.,2019b)、员工的报复倾向和领导的偏差行为(Schyns and Schilling,2013)等结果变量的影响。然而,大量研究指出,在职场中,工作环境因素会对个体的认知和行为具有显著影响。领导作为团队中关键的信息源,其对员工的影响尤为显著。因此,研究对团队层面的自利型领导的影响将有助于深化自利型领导的理论探讨。

第二,本书通过构建多层次理论模型丰富了自利型领导与团队绩效及员工绩效之间关系的研究。随着社会经济的持续发展,组织所面临的环境也在不断发生变化,为了适应这些新环境,组织内部正在进行一系列变革。这些变革从强调员工个人的贡献到关注团队整体效能,通过提高团队绩效来推动组织的发展,从而提升组织绩效和竞争力(Kozlowski et al.,2003)。同时,领导角色也由激励下属以达到组织目标转变为激励团队以完成组织目标(Hackman,2002)。尽管领导行为对团队成果具有显著影响,但现有文献有对领导行为与团队绩效的影响机制的探讨尚不充分,亟须进一步研究

(Day et al.,2006)。此外,杨晓等(2020)呼吁从团队层面探讨自利型领导对团队绩效的作用机制,以丰富自利型领导的作用效果、机制和边界条件的研究。因此,本书认为有必要研究领导行为与团队绩效的作用机制。同时,现有研究中自利型领导对个体绩效的影响较少。本书通过探讨自利型领导与团队绩效和员工绩效的关系,并利用多时点的配对问卷调查验证了自利型领导影响团队绩效和员工绩效的多层次机制,从而丰富了自利型领导与团队绩效和员工绩效的理论研究成果。

第三,本书旨在探究文化因素在自利型领导对绩效的多层级影响过程中的作用,以增进对自利型领导作用机制的理解。一直以来,学者们对领导理论存在争议:部分学者认为领导理论具有普适性,在任何文化环境中都可以进行合理的解释,文化因素并未发挥实质的影响作用;而另一些学者认为领导理论具有权变性,同一领导风格在不同的情境下会产生不同的领导效能。文化因素作为重要的情境变量,对领导效能的展现具有显著影响,因此需考虑文化差异对于团队成员所产生的影响。为此,不少学者呼吁应采用实证研究对文化因素在领导效能中的影响程度进行检验(Baumeister et al.,2004)。由于组织行为领域的自利型领导起源于西方文化和组织情境,在进行本土情境研究时,有必要将文化因素纳入自利型领导的研究范畴。因此,本书结合团队层面和个体层面的文化因素,探讨团队权力距离和员工的传统性对自利型领导与团队绩效和员工绩效的影响。同时,本书也回应了学者关于研究中应重视文化因素研究的呼吁。

1.2.2 实践意义

目前,关于自利型领导的研究较少从团队层面探究其对团队绩效和员工绩效所产生的影响,作为组织情境中重要的因素,其行为会对团队氛围及其成员的认知和行为具有显著影响,因此关注自利型领导与团队绩效和员工绩效之间的关系,以及两者之间的传导机制和边界条件,对于管理实践具有积极的意义。

本书的实践意义主要体现在以下三个方面。

第一,本书关注了影响团队绩效和员工绩效的前因变量,为团队绩效和员工绩效的优化提供了可行的措施。世界经济格局正经历着深刻变化,给企业带来机遇的同时也带来了挑战。为了有效应对挑战,迫切需要组织充分挖掘员工的潜力,提升团队绩效和员工绩效,提高企业的可持续发展能力。自利型领导作为一种破坏型领导方式,探讨其与团队绩效和员工绩效的内在联系能够为企业经营者和管理者通过多种管理途径提高团队绩效和员工绩效提供理论依据。

第二,为企业经营者和管理者运用合适的领导方式提供了理论依据。本书揭示了自利型领导对团队绩效和员工绩效的消极影响,研究结论为企业经营者或管理者采取合适的领导风格提供了实证证据。一方面,有利于明确地预测自利型领导的作用机制和对团队的危害,能够主动约束领导的自利行为;另一方面,可以帮助企业完善自利型领导的筛选,防止此类消极的领导行为对团队绩效和员工绩效产生负面影响。

第三,为企业人力资源管理提供决策支持。本研究探究了自利型领导与团队绩效和员工绩效之间的关系,同时关注了团队和个体的文化差异因素及团队的心理因素的权变作用。本研究的结论表明,文化因素和心理因素对于团队绩效和员工绩效具有重要的影响作用,该研究结论既能够为企业提升人力资源管理效能提供依据,还为企业重视团队文化、个体文化差异及团队心理构建提供了方向,因而本研究具有重要的实践指导意义。

1.3　研究内容及子研究之间的逻辑关系

1.3.1　研究内容

在组织中,领导行为对团队绩效和员工行为产生影响。因此,探寻领导行为对团队绩效和员工绩效的影响成为本研究的重点。根据多层次理论,领导行为既可以作用于团队,也可以作用于员工,有助于更深入地探究领导行为的作用机制(Kozlowski et al.,2000)。因此,本研究以多层次理论为基础,构建了自利型领导对团队绩效与员工绩效的多层次理论模型。

本书由三个子研究组成,具体内容如下。

第一,现有文献关于自利型领导与团队绩效关系的探讨较少,对两者之间的作用机制和边界条件缺乏深入探讨。为此,本研究根据社会信息加工理论,探讨了自利型领导与团队绩效可能的中间机制和边界条件。本书将团队凝聚力作为中介,构建了自利型领导对团队绩效产生影响的传导机制,并探讨了团队权力距离对自利型领导与团队凝聚力的调节作用机制。

第二,通过整理现有文献发现,自利型领导对员工绩效的影响研究还存在诸多不足。因此,本研究通过社会认同理论和社会交换理论的内在理论逻辑,围绕组织认同和责任知觉视角,构建了自利型领导对员工绩效影响的理论模型,并将组织认同和责任知觉作为两者关系的中间传导机制。同时,引入传统性作为调节变量,分析了自利型领导对员工绩效的影响的发生机制和拓展了研究边界。

第三,现有文献关于自利型领导对员工绩效的影响尚不明确。为此,本书基于社会信息加工理论、资源保存理论和自我资源损耗理论,实证研究了自利型领导对员工绩效的影响的内在作用机制,包括团队心理安全感和职场焦虑的中介机制作用。同时,将团队心理安全感作为调节变量,完善自利型领导与员工绩效关系的连接机制及边界条件的理论研究。

概言之,本书采用多层次理论研究框架,基于社会信息加工理论、社会交换理论、社会认同理论、资源保存理论和自我资源损耗理论,综合考虑团队凝聚力、组织认同、责任知觉、职场焦虑、团队心理安全感等中介因素,以及分别从团队层面、心理安全感和员工层面的传统性的情境因素等方面研究自利型领导对团队绩效和员工绩效的影响机制。

1.3.2 子研究之间的内在逻辑关系

根据多层次理论,组织内部存在自上至下的跨层次影响关系,即高层次对低层产生影响。此外,学者们认为团队情境因素有两条作用路径,一条是团队情境因素对团队行为和结果的作用路径;另一条是团队情境因素对个体行为和结果的作用路径,而且二者相辅相成(Chen et al.,2013)。因此,本研究从团队层次和跨层次的视角探讨自利型领导所产生的影响。首先,本书的子研究一是从团队视角探究自利型领导对团队层次绩效的作用路径,子研究二和子研究三从跨层次视角分析自利型领导对员工绩效的作用路径,三者互为补充。其次,有研究表明,在面对相同的组织情境时,个体特征的差异会导致员工对环境的认知和随后的行为产生重要影响(Lin and Johnson,2015)。因此,子研究二从员工个体文化差异方面,探讨自利型领导对员工绩效的影响。最后,领导会通过团队情境与个体层面两种路径对员工绩效产生影响(李群等,2021),为此子研究三通过从团队情境和个体因素的交互作用,分析了自利型领导对员工绩效的影响。子研究二和子研究三全面地揭示了自利型领导对员工绩效的影响机制。

本研究的理论模型,如图1-1所示。

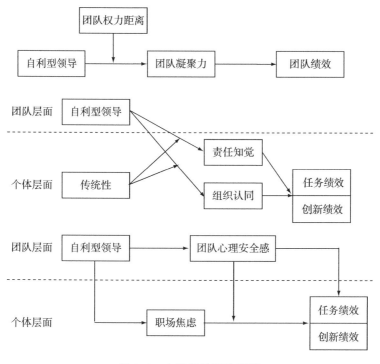

图1-1　本研究的理论模型

1.4　技术路线

　　为了从团队和个体两个层面同时探讨自利型领导对绩效的影响,本研究通过整理现有文献,构建了自利型领导对团队绩效和员工绩效产生影响的理论模型,并由此开展实证分析。通过对问卷调研所获取的数据进行分析,对变量的内在理论逻辑关系的研究假设开展分析验证。针对研究中存在的不足和未来可能的研究方向展开分析。本研究的技术路线,如图1-2所示。

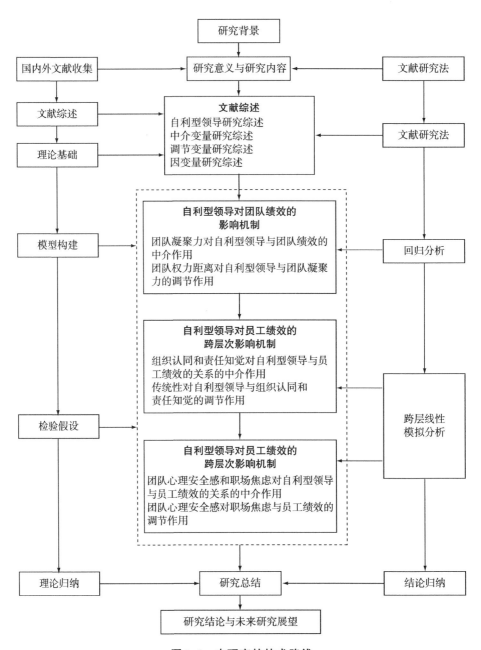

图 1-2　本研究的技术路线

1.5　内容结构

本书主要探讨了自利型领导与团队绩效和员工绩效的关系,以及组织认同、职场焦虑、团队心理安全感、传统性和团队氛围在自利型领导与团队绩效和员工绩效的关系中所起到的作用。本书由六个部分构成,具体内容如下。

第1章绪论。通过对研究背景的阐述,提出研究问题,根据研究问题构建理论模型,并围绕研究问题提出研究思路、研究内容和研究方法,整理归纳本书的创新之处。

第2章文献综述。通过回顾自利型领导的研究脉络,进而引出本书的主要变量及理论,并对相关文献进行综述。

第3章自利型领导对团队绩效的影响机制。本章基于社会信息加工理论,从团队凝聚力对自利型领导与团队绩效的中介作用和团队权力距离对自利型领导与团队凝聚力的调节作用视角,探究自利型领导对团队的绩效影响机制。

第4章自利型领导对员工绩效的跨层次影响机制。本章基于社会认同理论和社会交换理论,从组织认同、责任知觉对自利型领导与员工绩效的关系的中介作用和传统性对自利型领导与组织认同和责任知觉的调节作用视角,探究自利型领导对员工绩效影响的作用机制。

第5章自利型领导对员工绩效的跨层次影响机制。本章基于社会信息加工理论、资源保存理论和自我资源损耗理论框架,从职场焦虑和团队心理安全感的中介机制作用视角,实证研究分析自利型领导对员工绩效的影响机制;同时,从团队心理安全感的调节作用视角,剖析团队心理安全感在职场焦虑与员工绩效之间的调节作用。

第 6 章研究结论与未来研究展望。本章旨在归纳本研究所获得的结论,总结本研究对理论的贡献,并分析本研究对管理实践的启示,此外本章还对本书的研究不足进行反思并提出未来研究的可能方向。

1.6 研究方法

本书采用了以下研究方法。

第一,文献研究。本书以自利型领导对团队绩效和员工绩效的影响为研究主题,查阅国内外相关资料,对研究现状展开梳理,从而探寻当前研究中可能存在的不足,寻找可能的理论贡献,并由此构建理论模型。笔者通过外文数据库、中国知网和谷歌学术等资源平台检索与研究主题相关的文献,并对近年来发表在心理学、组织行为学和领导理论等国内外知名度较高的期刊的文献进行了整理,发现研究空白,提出研究方向。通过对相关文献的整理,本书梳理了自利型领导、团队权力距离、团队凝聚力、组织认同、责任知觉、职场焦虑、团队心理安全感、传统性、团队绩效和员工绩效等主题的研究现状,为本书的研究模型所涉及的理论和变量的内在关系提供了合理的逻辑联系。

第二,定量研究。笔者通过问卷调查进行研究数据收集,并对模型变量关系进行假设检验。本书的子研究一将自利型领导设为自变量,团队绩效设为结果变量,团队凝聚力为中介变量,团队权力距离为调节变量,构建有调节的中介模型,并提出研究假设;本书的子研究二以自利型领导为自变量,以员工绩效(任务绩效和创新绩效)为因变量,将组织认同和责任知觉考虑为中介变量。同时,探讨传统性在自利型领导与员工绩效关系中的调节作用,并提出相关的研究假设;本书的子研究三以自利型领导为自变量,员工绩效(任务绩效和创新绩效)为因变量,团队心理安全感和职场焦虑为中介变量,团队心理安全感为调节变量构建了跨层次有调节的中介理论关系模型,并提出相应的研究假设。本书的三个子研究将采用实证研究方法进行假设验证。三个子研究的数据采用调查问卷以主管—员工配对及三个不同时间点的方式进行收集,员工问卷测量自利型领导、组织认同、责任知觉、传统性、团队心理安全感、职场焦虑、团队权力距离和团队凝聚力,领导问卷测量团队绩效和员工绩效(任务绩效和创新绩效)。

关于假设检验,本书的子研究一基于层次回归分析法、Bootstrap 5000 和有调节的中介效应检验方法,使用 Spss 23.0 和 Mplus 7.4 检验相关变量的关系、中介效应和有调节的中介效应;子研究二基于层次回归法和 Bootstrap 2000 中介效应检验方法,使用 HLM 6.0、Mplus 7.4 和 R 程序检验模型变量之间的相关关系、组织认同和责任知觉的中介效应,以及传统性的调节作用;子研究三使用 HLM 6.0、Mplus 7.4 和 R 程序检验自利型领导—团队心理安全感—员工绩效、自利型领导—职场焦虑—员工绩效的中介效应,以及团队心理安全感在自利型领导通过职场焦虑对员工绩效产生影响的中介作用中的调节效应。

1.7　创新之处

本书的创新点主要体现在以下四个方面。

第一,丰富了自利型领导对团队绩效的影响机制研究。已有研究发现自利型领导会对团队层面的变量产生消极作用,如对团队创造力、团队亲社会行为和建言行为具有负面影响,但对团队绩效的影响仍没有深入的研究,特别是对其中的内在影响机制还需进一步探究。本书围绕社会信息加工理论,重点探讨了团队凝聚力在自利型领导对团队绩效产生影响的过程中所发挥的中介作用。本研究拓展了自利型领导对团队绩效发生影响的隐藏作用机制。在理论和实践层面丰富了非伦理领导行为对团队绩效的影响研究。

第二，丰富了自利型领导对员工绩效的影响机制研究。已有研究表明自利型领导对员工的情感、行为和态度具有负面影响，但对员工绩效的影响缺乏深入的研究，对其中的内在影响作用机制还有较大的探索空间。以往关于自利型领导对员工绩效产生影响过程中的传导机制和调节机制的探讨较少。本书根据社会认同理论和社会交换理论，通过实证研究探讨了个体层次的员工组织认同感和责任知觉在自利型领导对员工绩效影响的内部作用机制，并分别实证研究分析了在传统性调节作用下，自利型领导对组织认同和员工责任知觉的边界作用机制。此外，领导会通过员工个体层次与团队情境两种路径对员工绩效产生影响（李群等，2021），因此本书还根据社会信息加工理论、资源保存理论及自我资源损耗理论，实证研究了团队层次的心理安全感和个体层次的职场焦虑在自利型领导对员工绩效影响的内部作用机制，并实证研究了团队心理安全感的调节作用。本研究结果进一步拓展了自利型领导对员工绩效的影响的内在作用机制的研究边界。

第三，拓展了自利型领导发生机制的研究边界。一方面，现有研究探讨了自利型领导对团队和员工的影响，属于不同的研究层次，但当前研究主要从单一层次，特别是从个体层次分析自利型领导的影响。因此，本书通过多层次研究设计，探讨自利型领导对团队绩效和员工绩效的影响机制和边界条件，从而系统整合了团队层次因素（领导行为、团队氛围）及个体层次因素（认知、情绪等）对团队绩效及员工绩效的影响。另一方面，本书构建了自利型领导影响团队绩效及员工绩效的多层次理论模型，引入团队凝聚力、团队心理安全感、组织认同、责任知觉、职场焦虑为中介变量，从认知和情绪等因素揭示自利型领导对团队绩效和员工绩效的传导机制；同时以团队心理安全感、传统性为调节变量，探索团队因素和个体因素影响员工绩效的边界条件，从而揭示不同层次的变量关系之间的影响机制和内在逻辑机理，从团队层次和跨层次方面系统探讨了自利型领导的影响机制。

第四,揭示了文化因素在自利型领导对绩效的影响过程中发挥的作用。长期以来,一些学者认为,领导理论能够在各种文化情境中得到有效运用,文化因素对其作用过程的影响并不显著。一些学者认为,领导理论受一定条件的调节,同一种领导风格在不同的文化情境中会存在领导效能的差异。而文化因素作为重要的情境因素,在此过程中发挥着重要作用。为此,本书将团队层次和个体层次的文化情境因素纳入理论模型,探讨了团队权力距离和传统性在自利型领导对团队绩效和员工绩效影响过程中所发挥的调节作用。一方面,丰富了自利型领导与绩效研究的边界条件;另一方面,强调了管理情境的本土化研究,这对于揭示自利型领导的影响过程具有积极意义。

第2章 文献综述

通过对现有文献的系统梳理，为模型构建及变量之间逻辑关系的推导奠定了坚实的基础。本书所探讨的核心研究变量包括自利型领导、团队权力距离、团队凝聚力、组织认同、责任知觉、职场焦虑、团队心理安全感、传统性、任务绩效、创新绩效及团队绩效。

2.1 自利型领导研究综述

2.1.1 自利型领导的定义

《辞海》对"自利"一词的释义为："人的行为以自身利益为出发点和目的。"理论界对自利的理解不一。亚当·斯密认为，人天生具有自利倾向，且经济秩序的运行有赖于人的这一特性，人们以个人利益最大化为目标而开展的行为有利于促进经济的发展（王雪等，2013），且人在经济活动中的自利行为有利于促进良性美德（聂文军，2004）。由于人通常被未获满足的欲望驱使，人的自利动机可以获取个人利益或好处，一定程度上满足自身欲望，因此自利是影响个人行为的重要诱因（Miller，1999）。孔德俊和福尔克曼（Kong and Volkema，2016）依据领导的个体特质，认为自利型领导具有以自我为中心和专制的特质，在行为上表现出牺牲员工和集体的合理利益，谋取个人私利的破坏性行为。学术界对领导者自私行为的定义尚未统一，具体有以下几种。

第一，作为较早开展自利型领导研究的学者鲁斯（Rus，2009）对自利型领导的概念进行了界定，并探讨了领导自利行为形成的前因，根据领导所分配资源的多寡,可将领导行为划分为自利与利群两种相互排斥的类型。当领导在分配资源时,若倾向于自身利益,则表现为自利行为;反之,若倾向于他人利益,则体现为利群行为。此外,领导分配的资源不仅包括货币形式(如晋升、加薪、金钱激励等),也涵盖其他形式的资源(如优质的办公环境)。鲁斯(2009)指出,领导选择自利行为或利群行为受多种因素影响,包括资源的稀缺性、分配决策过程的透明度、领导所拥有的权力大小及领导个人的贪婪程度等。通过相关论文的分析,我们可以明确自利型领导的定义:在组织稀缺资源分配过程中,领导较多地考虑个人利益而忽略员工利益的行为(Rus et al.,2010a,2010b;杨晓等,2020)。

第二,将自利型领导定义为领导者把个人利益置于组织及员工利益之上。该理论认为,自利型领导是员工对领导行为的主观感受和内在体验。因此,判断领导行为是否自利,主要依赖于员工对领导行为的主观感受。由于文化背景或员工认知差异等因素,员工对领导行为的理解存在差异,他们所感知的领导自利行为可能被削弱,甚至被视作具有一定的合理性。相应地,员工也可能将领导的正常职权行为误认为是自利行为。此外,领导者的自利行为在某些情况下未必会对员工利益造成损害(景保峰等,2016)。

第三,德克雷默和范迪克(De Cremer and Van Dijk,2005)认为,自利型领导表现为领导者通过损害集体利益以获取个人利益的行为。在领导者的个人利益面临威胁时,组织内的领导者或权力掌控者可能破坏公平分配的原则,倾向于以牺牲他人利益为代价,优先考虑并增进自己的利益,从而实现个人利益的最大化,这往往导致集体利益遭受损害。

第四,威廉姆斯(Williams,2014)将自利型领导定义为领导者利用其掌握的权力,以实现个人利益为目的而采取的一系列行为;同时认为,领导者的权力是其自利行为的前置因素。领导者的自利行为可能对下属产生负面影响,也可能不产生。然而,不论是否产生负面影响,领导者的自利行为对组织的长期发展均可能带来不利影响。

笔者根据文献资料对自利型领导的相关定义进行了整理,如表 2-1 所示。

表 2-1　自利型领导的代表性定义

来源	定义	侵害对象
鲁斯(2009)	领导者将组织稀缺资源(如收入、奖金、时间等)较多地分配给自己而非员工的行为	员工
坎普斯等(2012)	领导者将自身福利与利益凌驾于组织目标和员工需求之上的行为	员工和组织
德克雷默和范迪克(2005)	领导者以集体利益为代价追求个人利益的行为	员工和组织
威廉姆斯(2014)	领导者使用所拥有的权力为自己获益而采取的任何行为	员工和组织

这四种定义都强调了自利型领导在将个人利益置于首位时所表现出的共性,然而它们之间也存在差异。首先,鲁斯提出,自利型领导的行为表现为追求个人利益而忽视他人利益,特别强调了领导者与员工之间的分配关系。相较之下,坎普斯等、德克雷默及范迪克、威廉姆斯则认为,自利型领导在追求个人利益时,其侵害的对象不仅限于员工,还包括其所处的组织本身。其次,威廉姆斯指出,作为领导角色的核心,领导者所拥有的权力是其实施自利行为的重要前置因素。同时,威廉姆斯还强调,领导者的自利行为虽然在短期内可能对员工和组织产生消极或负面影响,但长期来看,必将损害组织的利益。

2.1.2　自利型领导的测量

对于自利型领导的测量工具的开发主要来源于国外的研究成果,已取得了一定的研究进展。在针对国外和国内样本的实证研究中,这些工具也表现出较好的信度和效度,但目前尚未有专门针对中国组织文化情境的测量量表开发出来。

笔者通过梳理文献发现,当前针对领导自利行为的实证分析主要存在两种方法:实验操控法与量表测量法。在实验操控法的研究中,研究者首先采用与领导自利行为相关的文字描述,以塑造和加强实验对象在扮演领导角色时的自利动机,随后观察实验对象在资源分配上的行为表现。部分实验通过设计模拟游戏或特定情境,如独裁者游戏、沙漠求生等,使实验对象获得领导地位,进而通过分析实验对象所作出的分配决策,评估其是否存在自利行为。在实验操控法中,所涉及的资源类型存在差异,不仅包括实物(Stouten et al.,2009)、货币(Barelds et al.,2018),还包括游戏筹码(Rus et al.,2010a,2010b;Decelles et al.,2012)、任务时间(Chen et al.,2001;Rus et al.,2010a,2010b)和信息资源(Maner and meed,2010)。此外,还有研究利用场景文本代表领导者行为(Rus et al.,2012;Rus et al.,2010b;Camps et al.,2012)。例如,鲁斯等通过被试自我奖励的点数来分析自利行为的程度。每个点数均有可能换取一张价值50欧元的彩票,通过观察被试对其自身点数的分配数量,可以达到评估其自利程度的目的(Rus et al.,2010a)。

除实验操作法外,一些研究采用量表工具,根据领导自身自利行为感知和员工对领导自利行为的感知进行评价。早期所采用的自利型领导的测量工具是利用与自利型领导概念近似的测量工具,如 Mach Ⅳ 量表(Decelles et al.,2012)和社会控制倾向量表(SOD)(Chen et al.,2001)。之后,学者还开发了针对自利型领导的量表工具,较为典型的有两种,一种是鲁斯等(2010b)通过将自我牺牲型领导、自我服务归因行为和时间分配行为等量表的融合,构建了测量领导者自利行为的九个题项的量表。通过对企业的管理者开展问卷调查所获数据的检验,量表具有良好的内部一致性(Cronbach's α =

0.87），同时通过对题项进行主成分分析可知量表的单维性。在鲁斯等（2010b）构建的九个题项的量表中，内容涵盖了货币的分配、领导在团队合作中所付出的时间、对团队工作成果的归因及担责意愿等方面的评价，测量内容较为全面，但是研究人员没有进行验证性因子分析，没有按照规范的流程进行检验。另一种是坎普斯等（2012）设计构建的具有四个题项的测量量表。该量表是坎普斯等在报复行为和非伦理行为两个量表的基础上进行修改获得。坎普斯等（2012）通过对高校学生和企业员工为被试所开展的问卷调查检验表明，该量表具有较好的内部一致性。由此可见，国外学者对自利型领导量表的开发主要基于报复行为、非伦理行为及自我牺牲型领导等，对自利型领导量表的开发开展了有益的探索，为自利型领导的后续研究提供了基础。自利型领导测量工具的归纳，如表2-2所示。

表2-2　自利型领导测量工具的归纳

开发者	评价主体	测量题项
鲁斯等（2010b）	领导自评	与员工相比,我的奖金更多
		我会利用掌握的权力谋取自身利益
		我会无视团队利益来谋取个人利益
		为了维护自身利益,我可以损害团队利益
		吝啬赞扬下属,对投入大量时间和精力所取得的工作成果归结于自己的功劳
		即使受到责备,我也会推脱团队任务未完成时本应承担的团队责任
		我会把自己工作中的过错转嫁给下属
		虽然加班有利于完成团队任务,但是我选择拒绝
		就算我的一些工作必须由员工帮我完成,我也会选择早些回家
坎普斯等（2012）	员工评价	我的领导为了提升自己在公司的地位会伪造事实

续表

开发者	评价主体	测量题项
坎普斯等（2012）	员工评价	我的领导是自私的，并认为自己是非常重要的
		我的领导仅为自己着想，而不会替员工考虑
		我的领导使用公司资源为自己获利

2.1.3　自利型领导的前因变量

鉴于自利型领导对团队绩效和员工绩效产生的负面效应，学者们逐渐开始探讨自利型领导的前因变量。

1. 权力对领导者自利行为的影响

权力被定义为运用支配资源或采取奖惩手段以实现对他人施加影响的能力（Magee et al.，2008）。领导必然被赋予一定的权力（Rus et al.，2010a），并利用这种权力来确定组织的发展目标，为员工提供激励和必要的控制，以及拥有组织利益分配的决策权（Mumford et al.，1991）。在组织中，领导者除了追求组织目标外，还存在组织角色之外的个人诉求，这使领导者处于团队利益与个人利益平衡的矛盾之中（Chen et al.，2001）。研究表明，领导所掌握的权力与其认知、情感存在显著关联，进而影响其自利行为。

领导权力的根源在于追求组织利益，然而在权力运用过程中，领导往往会出现偏离（Kipnis，1972）。随着赋予领导的权力增大，领导者在集体利益与个人利益之间的冲突越发激烈，领导者更倾向于满足个人利益，从而损害集体利益（Bendahan et al.，2015）。造成这种矛盾的主要因素包括：首先，领导者的固有地位使其对组织的贡献通常超过普通员工，这导致领导者倾向于自我评价过高，进而可能产生利己行为（De Cremer and Van Dijk，2005）。其次，领导者控制着组织内稀缺资源的分配，并与外界保持一定的社会距离，这使他们对社会规范和信息的感知变得迟钝（Magee et al.，2013）。在利己动机的驱使下，领导者在资源分配时容易为自己的行为找到合理化的解释(De Cremer and Van Dijk,2005),并且随着领导任期的延长,其自利行为更可能演变为行为规范(Oc et al.,2015)。

权力对领导者自利行为的影响受到领导者个人特质和外部环境的影响(Williams,2014)。首先,从领导个人特质而言,当领导自身拥有自我指向的人格特质时,如自恋型人格、利己价值观和交易型偏好等,权力会诱发其自私行为(Sanders et al.,2015);当领导者具有他人指向的人格特质时,权力与自私行为之间的联系会相应减弱(Rus et al.,2012)。此外,从外部环境来看,权力能够为拥有者带来愉悦感(Anderson et al.,2012)。在竞争激烈的组织环境中,领导者的权力容易受到威胁,这会降低权力所带来的愉悦感。为了恢复和保持这种愉悦感,领导者可能加强权力控制,而忽视他人利益(Georgesen et al.,2006),从而表现出更多的自私行为。

2. 领导的个人特征对自利行为的影响

领导的个人特质也是自身自利行为的关键诱因。首先,研究表明,自恋型领导风格对自身的自利行为有正向影响。当自恋型领导感知遭遇非公正对待将损害自尊时,其更可能采取自利行为获取自我平衡(Liu et al.,2017)。其次,当领导者对自身评价较高时,会使其倾向于谋取较多的个人利益(De Cremer and Van Dijk,2005)。再次,当资源分配标准不明确时,其他具有同等地位的领导者的利益分配标准将成为以自我为中心的领导者所参照的依据。当参照对象有利己偏好时,领导则表现出自利行为(Rus et al.,2010a)。最后,当领导者展现出高度的支配动机时,在面临地位受到威胁的情况下,他们可能故意隐瞒关键信息,以此来抵御感受到的威胁,并保护自己的地位,从而可能对集体利益造成损害(Maner and Mead,2010)。

3. 追随者对领导自利行为的影响

组织目标的实现,除了领导的关键作用外,也源于众多追随者的共同努力(DeCoster et al.,2014)。作为组织任务的关键合作者,追随者的积极反馈对目标实现具有显著影响。首先,员工所展现的坦诚型反馈与奉承型反馈对领导的自利行为产生不同的影响(Oc et al.,2015)。对于员工的坦诚型反馈,领导能够明确了解员工对利益分配的看法,从而及时调整自身的分配比例;而员工的奉承型反馈可能导致领导高估自己的贡献,进而造成自我资源分配的失衡。结果表明,接受奉承型反馈的领导在利益分配过程中获得的收益通常高于接受坦诚反馈的领导。这种结果的逻辑基础在于人类维护自身道德形象的天性。面对追随者的坦诚反馈,那些在利益分配上过于偏向自己的领导会受到道德规范的约束,产生道德情感,从而激发道德补偿心理,降低自身的利益分配比例;反之,则会增加自身的利益分配比例(Oc et al.,2015)。其次,无论员工是坦诚型反馈还是奉承型反馈,少数人的反馈对领导的分配行为影响更大(Oc et al.,2019)。当领导面对较多的员工坦诚型反馈时,偶尔的奉承型反馈会促使领导增加自我利益分配比例;而当领导面对个别坦诚型员工反馈时,领导会根据这些反馈调整自身的利益分配比例。再次,追随者的组织公民行为的人际维度(OCB-I)会缓解领导的自利行为。研究表明,当员工表现出较多的OCB-I时,会减轻领导的工作负担,改善领导与员工的交换关系(Decoster et al.,2014),促进双方的积极互动。最后,员工的OCB-I有助于缓解领导的阻碍性工作压力,提升领导的利他动机,抑制领导的自利行为(Decoster et al.,2014)。

2.1.4　自利型领导的结果变量

现有研究表明,自利型领导的结果变量包括领导者自身、团队和员工等不同层次。

1. 领导者自利行为对其自身的影响

领导自利行为将对自身影响力产生负面影响。基于归因理论,人们会根据他人的言辞来判断其价值观,但代表个人态度的外因更具备参考性,当其行为和言辞不一致时,人们会对他的言辞产生怀疑。因此,当员工感知领导表达的言辞与谋利的行为不一致时,认为其言辞受外因影响,利己才是其真实意图,损害了领导的影响力(Yorges et al.,1999)。

2. 领导自利行为对团队绩效的影响

现有研究表明领导自利行为对团队绩效有一系列的负面影响。

研究表明,领导自利行为不利于提升团队创造力。彭坚等(2019)从社会信息加工理论和社会学习理论的视角,探讨了自利型领导会通过团队心理安全感和员工知识隐藏行为影响团队创造力。刘海洋等(2017)基于社会学习理论、社会交换理论和社会认同理论发现,领导自利行为会破坏团队的亲社会行为和建言行为。

3. 领导自利行为对员工的消极影响

笔者通过对现有文献的分析,自利型领导对员工的情绪、态度和行为会产生一系列不利影响。根据社会交换理论,领导自利行为损害了领导与员工的社会交换关系,给员工带来心理创伤(Camps et al.,2012),引发员工愤怒情绪(周芳芳等,2021),减少员工对组织和上级的情感承诺(Mao et al.,2019a),产生对领导的信任危机(Decoster et al.,2021),增强员工非伦理行为的道德推脱(Gao et al.,2022),加快员工自我资源的损耗(Guo et al.,2022),从而增加了员工的离职意向、反生产行为(Decoster et al.,2014)、对领导者的报复意向和偏离行为(Decoster et al.,2021;周芳芳等,2021),同时对员工的帮助行为具有消极影响(Gao et al.,2022)。根据社会认同理论,领导的自利行为将导致员工对其期望收益的不确定性(Camps et al.,2012),降低对组织的认同,从而引发员工针对组织和人际的偏差行为(Liu et al.,2022);若员工将领导的归因视为具有自利倾向,则可能抑制其对领导的组织公民行为,并提升离职意愿(Ritzenhöfer al.,2019)。此外,也有学者基于社会学习理论指出,领导在组织中所拥有的权力使其成为员工模仿的对象。因此,领导的自利行为可能被员工所模仿,导致员工忽视他人或组织的利益,进而减少帮助行为(Gao et al.,2022)。

当前研究对自利型领导与员工行为之间的权变条件进行了深入探讨。首先,组织财务预算政策的差异会对二者之间的关系产生显著影响。有限伦理理论指出,即便某些行为属于非伦理范畴,利益权衡的考量仍会影响人们对这些行为的理性判断。当非伦理行为未侵害个人利益时,人们往往对这些行为持更为宽容的态度(Mumford and Connelly,1991)。研究显示,在企业执行结转型和回收型预算政策的背景下,自利型领导对员工的影响存在差异:若企业将剩余经费结转至下一年度使用(结转型),领导的自利行为将损害团队次年的利益,从而加剧自利型领导对员工情感承诺和离职意愿的负面影响;反之,当企业将剩余经费回收(回收型),领导的自利行为对团队次年利益的影响将变得轻微甚至积极,导致领导的自利行为得到团队成员的包容,其负面效应相应减弱(Decoster et al.,2014)。其次,组织伦理氛围同样会对领导与员工间的关系产生影响。依据规范焦点理论,社会规范会促使组织成员遵循规范,并关注违规的后果。因此,组织伦理氛围能够加强员工对组织规范的遵守。当组织伦理氛围较高时,员工对领导的非伦理行为更为敏感,领导的自利行为会加剧员工的负面反应(Decoster et al.,2021)。最后,一些研究还探讨了个体层面的权变条件对自利型领导与员工行为关系的不同影响。①坎普斯等(2012)的研究表明,分配公平感可以缓解员工对分配结果的不确定感,从而减少员工的负面情绪。因此,在遭遇自利型领导时,分配公平感能够降低员工的分配不确定感和由此引发的负面情绪。②法尔赫等(Farh et al.,2007)发现,员工的权力距离感知会影响其对资源分配的接受程度。由于领导掌握着组织资源的分配权,领导的自利行为会导致资源分配过程中的不平等,因此权力距离感知较高的员工对领导在利益分配过程中偏向自我利益的行为更为宽容,从而缓解了自利型领导对员工情感承诺的不利影响,并削弱了其对员工反生产行为的正面影响(Mao et al.,2019b)。基于互惠原则,亲社会动机可以提升员工的互惠感。亲社会动机水平较高的员工更强调结果的公平分配,并更遵守互惠规范。而亲社会动机水平较低的员工遵守互惠规范的意愿较弱,其行为更趋于理性,更多地基于可预见的收益。因此,相较于亲社会动机水平较高的员工,在面对自利型领导时,亲社会动机水平较低的员工更容易受到领导的负面影响,从而较少表现出帮助行为(Gao et al.,2022)。

本书整理了针对自利型领导研究的典型实证研究模型,详见图2-1。

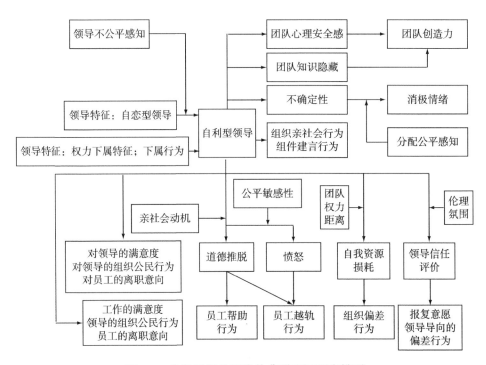

图 2-1 自利型领导研究的典型实证研究模型

2.1.5 自利型领导研究评述

在对自利型领导的概念进行深入探讨,并与对自利型领导的测量、前因和结果的综合回顾后,得出以下结论。第一,尽管不同学者对自利型领导的定义存在差异,但其核心要素基本一致,主要归纳为领导者为了实现个人利益,利用自身影响力损害他人及组织利益的行为。第二,自利型领导的影响因素可能源自员工和领导特质,具体包括员工的行为、自恋型领导和权力等因素,这些因素均能正面影响领导自利行为的产生。第三,关于自利型领导对团队结果的影响,目前研究尚显不足,仅有少数学者探讨了自利型领导对团队层次变量的破坏效应。因此,在对现有文献进行系统梳理的基础上,本书认为未来研究可以从以下三个方向进行拓展。

1. 领导自利行为的影响效果及其作用机制

当前,关于领导自利行为对员工影响的议题尚存争议。为了深入阐释自利型领导的影响效果,有必要考虑不同文化背景和组织氛围等变量对自利型领导作用效果的影响。自利型领导作为一种非伦理的领导方式,对团队绩效和员工均可能产生负面效应(Camps et al.,2012;Liu et al.,2017;Mao et al.,2019a;Peng et al.,2019)。然而,在某些因素的作用下,自利型领导的消极影响可能得到缓解,甚至被员工所接受(Mumford and Connelly,1991)。从长远来看,自利型领导可能妨碍组织的健康发展(Williams,2014)。因此,研究能够缓解自利型领导所引发的负面后果的边界条件,对于组织的有序发展具有理论上的参考价值和实践上的指导意义,未来的研究应当对此进行更深入的探讨。

2. 拓展领导自利行为影响效果的多层面研究边界

首先,对于团队结果变量而言,现有研究还不足以厘清自利型领导对团队的影响及其作用机制。尽管有研究表明自利型领导最终会对组织产生不利影响(Williams,2014);少量针对团队行为的研究也表明自利型领导对团队的创造力(Peng et al.,2019)、建言和亲社会行为(Liu et al.,2017)有负面影响。但是,现有研究并未探讨自利型领导对团队绩效是否具有消极作用,以及作用机制和边界条件尚未清晰,作为团队的重要因素,厘清自利型领导与团队绩效的关系对于丰富自利型领导理论具有现实意义和理论意义。

其次,关于个体结果变量,基于社会交换和社会认同理论的研究揭示了自利型领导对员工情感、态度和行为产生的负面效应。未来研究可进一步从社会认同理论视角探讨自利型领导对员工行为的影响。社会认同理论指出,当组织满足员工在安全、自我实现、归属感方面的需求后,员工倾向于将个人身份融入组织身份,这种身份的转变促进了员工对组织的认同,并加强了对组织的依恋(Blader et al.,2017),进而增加了员工支持组织的行为(Dick et al.,2006),影响其工作绩效。此外,依据资源保存理论,本研究构建了自利型领导对员工行为影响的理论模型。资源保存理论表明,个人会努力维持、保存并获取有助于实现自我目标的资源。资源较为丰富的个体更易维护和实现资源增长,而较少担忧资源损失带来的消极影响;相对地,资源较少的个体则更关注资源损耗可能带来的负面效应(Hobfoll,1989)。自利型领导将个人利益置于组织和员工利益之上,影响员工对可用资源的感知(Mao et al.,2019a),导致员工感受到自身利益被领导剥夺的威胁,这无疑会对员工的心理状态产生影响(Brotheridge et al.,2002)。当员工感知到最终结果与预期收益存在负面差异时,会激发个体的消极资源应对动机,从而引发消极情绪,导致职场焦虑(叶晓倩等,2021),并可能引发不利于工作结果的行为和态度。

2.2 中介变量研究综述

2.2.1 团队心理安全感

1. 团队心理安全感的定义

在组织变革领域的研究中,舍恩与本尼斯(Schein and Bennis,1965)率先对心理安全感进行了定义——心理安全感是团队环境发生改变时,成员所感知的个人适应变化的安全感与自信程度。卡恩(Kahn,1990)指出,心理安全感是个人在表达自我观点或建议时,无须担忧个人形象、职场地位或职业发展可能带来的潜在威胁的感知。埃德蒙森(Edmondson,1999)则认为,将心理安全感视为团队层面的氛围更为适宜,并将其定义为团队成员所共有的信念,这种信念促使成员形成对团队中人际风险较低的感知,从而能够自由地表达意见,相信不会受到团队成员的拒绝、刁难甚至惩罚,这一切均建立在团队成员间相互信任的基础之上。泰南(Tynan,2005)提出,团队心理安全感应由两部分构成,即个人与他人的心理安全感。具体而言,个人心理安全感是员工对其所在团队心理安全感的自我评估,而他人心理安全感则是团队中其他员工对成员心理安全感水平的评估。本书倾向于认同并采用埃德蒙森(1999)对团队心理安全感的定义及其开发的七项量表工具进行研究。

2. 团队心理安全感的前因变量

本书通过对文献的梳理发现,团队层面的情境因素能够在不同程度上预测团队心理安全感。

(1)领导风格。

领导风格对团队成员的心理安全感具有显著影响(Edmondson,1999)。依据社会学习理论,团队成员倾向于学习并模仿领导者的行为(Brown et al.,2005)。因此,领导者的行动方式可能被团队成员效仿,形成团队共同认可的行为准则,并引导成员的行为。研究指出,包容型领导经常对成员的工作成就表示赞赏,并积极鼓励成员参与团队项目的讨论与决策制定,这使团队成员感受到领导的关怀,从而有助于提升团队心理安全感的氛围(Hirak et al.,2012)。内马尼奇和维拉(Nemanich and Vera,2009)与奥尔特加(Ortega et al.,2014)认为,变革型领导为员工提供了组织中的关系与支持,使员工感受到领导的尊重、真诚与支持,这有利于员工表达真实的想法,并增强团队心理安全感。张征和郭倩(2021)提出,支持型领导关注员工的需求,并提供必要的协助,在组织内构建积极的支持性工作环境;促进成员间的良好人际关系,减少成员在发表意见时担心被拒绝或遭遇尴尬的人际风险,从而提升了团队的心理安全感。

(2)人际关系。

团队成员之间的互动频率与熟悉程度对团队心理安全感具有正面影响(Roberto,2002)。黄志诚和蒋品琛(Huang and Jiang,2012)提出,由信任、网络关系和集体思维三个要素构成的社会资本能够显著改善团队心理氛围,进而提升团队心理安全感。此外,团队成员间人际关系的质量越高,团队心理安全感的氛围也越佳(Brueller et al.,2011)。

(3)团队活力与结构特征。

钱德拉塞卡兰与米斯拉(Chandrasekaran and Mishra,2012)的研究发现,当团队的工作任务与团队目标保持一致,并且创新要求不高时,团队工作的自主性能够有效地促进团队心理安全感。陈国权与乔斯沃德(Chen and Tjosvold,2012)的研究表明,团队成员之间共享奖励有利于促进成员之间的合作,改善成员之间的人际关系,从而提升了团队心理安全感。布雷斯曼与泽尔默-布鲁恩(Bresman and Zellmer-Bruhn,2013)认为,团队结构对于营造团队心理安全感氛围具有积极作用。在高度结构化的团队中,各成员都有清晰的岗位定位、明确的指挥关系、准确的目标,使不同岗位的同事之间可以有效地进行合作,降低责任模糊导致的冲突,提升团队心理安全感氛围。

(4)团队情境因素。

李宁与严进(2007)的研究表明,组织对成员的信任与支持对营造团队心理安全感氛围具有显著的正面影响。信任程度越高,成员所感知的威胁就越低,从而提升团队心理安全感。在组织支持的背景下,成员能够获取必要的资源和信息,这有助于降低成员的危机感,并减少在人际交往中所面临的风险(Edmondson,1999)。李·菲奥娜等(Lee et al.,2004)提出了促进创新行为的三种组织情境——价值规范、工具性奖励和评估压力,并分析了这些情境对心理安全感的不同影响。研究指出,当这三种情境因素在促进创新行为效果不一致时,可能对团队心理安全感产生不利影响。

3. 团队心理安全感的结果变量

当前的研究表明,团队心理安全感对于提升团队绩效、促进团队创新与创造力,以及增强团队学习能力具有显著的积极作用。

(1)团队绩效。

埃德蒙森(1999)的研究表明,团队心理安全感能够显著提升团队学习能力,进而促进团队绩效。具体而言,团队心理安全感氛围越好,团队学习水平越高,相应地,产生的绩效也越好。此外,团队心理安全感之所以能促进团队绩效,还在于它有利于激发员工的工作投入,使他们更积极地完成团队任务,从而提高团队绩效(Hirak et al.,2012)。

(2)团队创新和团队创造力。

韦斯特(West,2002)的研究验证了团队心理安全感对提升团队成员承担风险和实现目标的信心具有积极作用,同时能够增进团队成员间的人际关系,并增强对创新工作的参与度(张毅和游达明,2014)。内马尼奇和维拉(2009)的研究指出,团队心理安全感为成员营造了一种勇于冒险的环境,鼓励成员进行创造性思考,更新知识,并促进团队创新活动的开展。波斯特(Post,2012)的研究也表明,在心理安全感较高的科研团队中,成员能够自由地表达自己的观点,交流信息,从而使得团队展现出更多的创造性行为。

(3)团队学习。

团队心理安全感对于促进团队学习行为具有显著的正面效应。埃德蒙森(1999)指出,团队成员对于他人关于团队学习行为的评价表现出高度关注,这是因为这些评价可能带来人际风险,影响成员在组织内的形象与地位。而团队心理安全感能够减轻这种人际风险,增进成员之间的关系,使成员感受到团队的尊重与支持,进而增强团队学习行为。奥尔特加等(2014)的研究表明,在心理安全感较强的团队环境中,员工能够自由地进行交流,有效地协助团队成员寻找解决问题的策略,或者分享工作中的不足之处,从而增加团队的学习机会,提升团队的学习效率。

4. 团队心理安全感的研究评述

经过对现有研究的梳理,笔者发现关于团队心理安全感的研究成果颇为丰富,然而仍有若干领域值得深入探讨:现有文献在探讨消极领导行为对团队心理安全感的影响方面尚显不足。在众多关于团队心理安全感的研究中,大多数关注点在于建设性领导风格对团队心理安全感的影响及其作用机制,而对消极领导行为与团队心理安全感之间关系的研究则相对较少。鉴于此,本书旨在探讨自利型领导对团队心理安全感的作用,并通过实证研究揭示团队心理安全感在自利型领导与员工绩效之间的中介效应。

2.2.2. 团队凝聚力

1. 团队凝聚力的定义

团队凝聚力作为团队的关键属性之一,在众多团队相关研究中被作为核心变量进行了深入探讨,并受到了高度关注。它对团队行为具有积极的预测作用。学者们广泛研究了凝聚力对团队成果的正面影响。费斯廷格(Festinger,1950)较早地对团队凝聚力进行了探索,认为它是维系团队成员留在团队中的各种因素的总和,与团队带来的自豪感、良好的人际关系及组织承诺密切相关。20世纪80年代以后,学术界对团队凝聚力的研究更加深入和细致,从员工层面进行了探讨。贾妮斯(Janis,1982)提出,凝聚力反映了成员对自我团队身份的认同程度及留在团队中的主动意愿。卡伦等

(Carron et al., 1985)通过对运动员团队的研究,认为凝聚力是团队成员在实现团队任务过程中所感知到的个人价值。卡伦和豪森布拉斯(Carron and Hausenblas, 1998)则认为,团队凝聚力是团队在实现工具性目标过程中满足个体情感需求,促使团队团结一致的动态过程。米哈利斯等(Michalisin et al., 2004)提出,凝聚力是团队成员之间社会和情境影响相互作用的结果,这种相互作用可能导致两种截然不同的结果:增强团队成员留在团队的意愿,或增加团队成员排斥团队,提升离开团队的意愿。尽管学者们从不同视角对团队凝聚力的定义存在差异,但它们都具有共同的特性。从团队凝聚力的特征来看,它主要涵盖了团队成员之间的相互吸引、共同的团队目标及对团队的情感依赖等因素。目前,关于团队凝聚力的研究已从早期关注成员之间的相互吸引,发展到更为全面和细化的因素,如共同的目标、自我价值观和内部身份等。本书基于卡伦和豪森布拉斯(1998)对团队凝聚力的定义,认为团队凝聚力是在满足成员需求的过程中,促使团队成员团结一致,共同努力实现团队目标的动态过程。团队凝聚力定义汇总,如表2-3所示。

表2-3　团队凝聚力定义汇总

作者	定义
费斯廷格(1950)	施加在成员身上的保证其留在团队中的全部因素的组合
贾妮斯(1982)	团队成员内部身份的认同程度及愿意留在团队的意愿
卡伦等(1985)	团队成员在完成团队共同目标所展现的个人价值
博伦和霍伊尔 (Bollen and Hoyle, 1990)	团队中的个体成员的属性,体现了成员对自我与团队关系的评价
卡伦和豪森布拉斯(1998)	团队在实现工具性目标的过程中满足个体的情感需要,使其团结一致的动态过程
米哈利斯等(2004)	是个体、社会和情境等因素作用于团队的全部影响。这些影响可能强化成员留在团队中的意愿,或引发团队愤怒、冲突而削弱成员留在团队的意愿

2. 团队凝聚力的影响因素

当前的研究成果表明,人际关系、领导风格及团队环境均能显著地预测团队凝聚力。首先,从人际关系的视角来看,团队成员之间的相互吸引和相似性能够显著地促进团队凝聚力的形成。此外,若团队成员拥有相似的成长背景、生活经历及价值观念,则有助于加强团队凝聚力的构建。至于领导风格的影响,已有研究证明了不同领导风格对团队凝聚力产生的影响程度存在差异。文特等(Wendt et al.,2009)在进行多文化背景研究时发现,指导型领导与支持型领导对团队凝聚力具有不同的预测作用。路文玲等(2022)的研究表明,在进行领导幽默自评与领导幽默他评时,高自评—高他评的情境能够有效地增强团队凝聚力。德科斯泰等(2013)的研究指出,在遭受辱虐管理的情况下,团队成员对团队凝聚力的感知会有所下降。

从团队视角来看,多数研究聚焦于团队多样性及其氛围对团队凝聚力的预测效应。范克尼彭贝格与希佩斯(Van Knippenberg and Schippers,2007)的研究指出,团队多样性对团队凝聚力的形成具有不利影响,即团队多样性程度愈高,团队凝聚力愈低。纪巍与毛文娟(2016)提出,多团队成员身份将对团队凝聚力产生负面影响,并且这种影响是通过团队认同感的中介作用实现的。

3. 团队凝聚力的中介作用

鉴于团队凝聚力在团队运作中的关键作用,现有研究不仅对团队凝聚力的成因及其结果进行了深入探讨,还对其在中介效应进行了分析。多项研究已经证实,团队凝聚力在团队运作中扮演了重要的中介角色。例如,特克勒布等(Tekleab et al.,2009)的研究表明,团队冲突会通过削弱团队凝聚力,从而对团队效能产生负面影响。达斯皮特等(Daspit et al.,2013)的研究指出,团队凝聚力在团队内部环境对团队效能的影响过程中具有间接作用;同时,团队凝聚力在领导风格及领导行为与团队及个体结果之间的关系中起到了中介作用。董慧玲和张玉萱(Tung and Chang, 2011)的研究则认为,授权型领导能够显著提升团队凝聚力,进而增强团队绩效。

4. 团队凝聚力研究评述

经过对团队凝聚力相关文献的系统整理可知,作为学者们广泛关注的团队变量之一,团队凝聚力对团队绩效及员工绩效具有显著的正面影响。

首先,就团队凝聚力的定义而言,它体现了团队对成员的吸引力及成员表现出的期望留在团队内的意愿和与其他成员共处的心理需求。高水平的团队凝聚力最突出的特征在于成员间高质量的人际关系、积极参与团队活动的意愿及对团队的责任感和认同感。

其次,关于团队凝聚力的评估,众多研究开发了具有不同维度的量表工具。本书在综合团队凝聚力定义的基础上,对比了不同维度量表的描述,并最终认可归属感和士气感知这两个维度结构。

最后,关于团队凝聚力的预测因素研究,众多研究已经证实领导行为在预测团队凝聚力方面的重要作用。然而,目前的研究主要集中在建设性领导行为对团队凝聚力的正面影响,而对消极领导行为与团队凝聚力关系的研究尚显不足。因此,本书建议未来的研究应重点探讨消极领导风格(如自利型领导)与团队凝聚力之间的关系。

2.2.3　组织认同

在组织情境中,阿什福斯和麦尔较早对组织认同的概念进行了界定,随后大量学者针对组织认同进行了探讨。研究结论表明,员工的组织认同感可以显著地改善员工有助于组织目标的态度和行为,如组织公民行为、建言行为和亲组织非伦理行为。此外,对员工的工作结果也会产生有利的影响,如员工绩效。

1. 组织认同的定义

社会认同理论（Ashforth and Mael，1989）指出，个体倾向于将自我进行社会分类，以此区分个人身份和社会身份。通过这种区分，我们能够明确个体在多大程度上属于某个群体。作为社会认同的一种表现形式，组织认同是个体感知到的对某一群体的归属感（Van Knippenberg et al.，2004）。当个人身份与群体身份相融合时，个体便形成了组织认同（Dukerich et al.，2002）。程垦和林英晖（2019）提出，在组织认同的形成过程中，个体的信仰和价值观等因素可能与之相关，因此对组织认同的界定可能需要综合多方面因素进行考量。组织认同定义汇总，详见表2-4。

表2-4　组织认同定义汇总

作者	定义
阿什福斯和麦尔（Ashforth and Mael，1989）	一种社会认同的特殊形式，是个体用组织身份对自我进行定义的过程，在此过程中，个体感知到组织的同一性和归属感
麦尔和阿什福斯（Mael and Ashforth，1992）	个体用组织身份对自我进行定义的过程，使个体和组织形成紧密联系
达顿等（Dutton et al.，1994）	个体用组织身份进行自我分类的程度
程垦和林英晖（2019）	组织认同的形成过程受信仰和价值观等因素的影响，因此对其界定可能需要多方面考虑

通过对组织认同概念的界定可以看出，多数研究认为，组织认同是一种认知概念，体现为个人身份和组织身份的同一性，或是组织的归属感（Ashforth and Mael，1989）。本书对阿什福斯和麦尔（1989）所提出的组织认同的定义较为认同，即"组织认同是个体通过组织身份对自我进行定义的过程，在此过程中，个体感知到与组织的同一性和归属感"。

2. 组织认同的前因变量

当前研究集中于探索能够准确预测组织认同的关键因素,通过对现有文献的系统整理,发现前因变量主要涵盖个体、组织及环境这三个不同层面。

(1)个体层面。

当前研究揭示,个体对组织身份的感知、工作满意度、个人情感及感受到的组织支持等变量,均会对个体的组织认同产生显著影响。奥莱利和查特曼(O'Reilly and Chatman,1986)提出,成员与组织的互动程度及他们对组织身份一致性的感知水平,能够有效预测个体的组织认同。麦尔与阿什福斯(1992)的研究表明,个体的工作满意度、工作任期及个人特质等因素,均能对其组织认同产生预测作用。爱德华兹和佩塞(Edwards and Peccei,2010)也指出,成员所感知到的组织支持,将正面影响其组织认同。表2-5展示了从个体层面预测组织认同的前因变量。

表2-5　个体层面预测组织认同的前因变量

学者	前因变量
奥莱利和查特曼(1986)	成员与组织的接触程度及其对组织身份一致性的感知水平
麦尔和阿什福斯(1992)	个体对工作的满意度、工作年限、员工的性格
爱德华兹和佩塞(2010)	组织支持感

(2)组织层面。

经过对组织层面的前因变量进行细致的分析,我们发现组织内部的沟通氛围、组织的声誉与形象、组织支持、组织内的人际关系及组织领导行为等因素,均会对员工的组织认同产生不同程度的预测作用。贝加米和巴戈兹(Bergami and Bagozzi,2000)的研究表明,组织在外界所展现的声誉与形象对个体的组织认同具有积极的影响。麦尔和阿什福斯(1992)提出,组织的性质、社会地位、生存环境及外部显著性这四个因素与组织认同显著相关。然而,组织中的消极因素,如职场负面八卦(杜恒波等,2019)、职场排斥(吴隆增等,2010)等,会对员工的组织认同产生负面影响。达顿等(1994)认为,组织的社会地位和形象能够激发员工的自豪感,增强员工的社会认同感,从而引发员工积极的组织认同。杜克里希等(Dukerich et al.,2002)的研究也证实,当组织具有一定的社会地位和影响力时,能够吸引员工,进而增强员工的组织认同感。此外,埃尔斯塔克等(Elstak et al.,2015)指出,组织在职业规划、继续教育及提供符合伦理道德的关怀和照顾方面对员工的展现,以及企业承担的内部社会责任(王哲和张爱卿,2019),可以显著提升员工的组织认同感。在领导风格方面,积极的领导风格有利于员工对组织的认同,如自我牺牲型领导(曹洲涛等,2019)。组织层面预测组织认同的前因变量,具体可见表2-6。

表2-6 组织层面预测组织认同的前因变量

学者	前因变量
麦尔和阿什福斯(1992)	组织声誉
杜恒波等(2019)	职场负面八卦
吴隆增等(2010)	职场排斥
达顿等(1994)	组织形象
杜克里希等(2002)	组织外在的社会形象及内在的氛围和文化
埃尔斯塔克等(2015)	职业发展、财务支持、社会协助及对员工的支持
王哲和张爱卿(2019)	企业内部社会责任
曹洲涛等(2019)	自我牺牲型领导

(3)环境层面。

麦尔与阿什福斯(1992)提出,组织的异质性与竞争氛围能够有效预测员工的组织认同。王彦斌(2004)通过理论分析,提出了一个地区的社会经济制度与社会竞争程度与员工的组织认同感存在显著相关性的观点,但此结论尚需进一步验证。环境层面预测组织认同的前因变量,详见表2-7。

表2-7 环境层面预测组织认同的前因变量

学者	前因变量
麦尔和阿什福斯(1992)	相似的组织之间的竞争
王彦斌(2004)	组织所处地区的社会经济制度、竞争性环境

3. 组织认同的结果变量

组织认同是个体将组织身份与自我身份进行一致性的过程,在此过程中,个体感知到同特定群体的同一性和归属感,由此对员工在组织中的行为产生显著影响。

奥莱利和查特曼(1986)认为,组织认同可以正向预测员工留在组织的意向和角色外行为。阿什福斯和麦尔(1989)发现,员工的组织认同有助于提升其完成组织目标的努力程度;贝加米和巴戈兹(2000)指出,组织认同会通过员工组织承诺的中介作用对其组织公民行为具有预测作用,此观点也获得了迪克等(Dick et al.,2006)的进一步证实。但是,在以本土环境为背景的研究中,出现了不一致的观点,王彦斌(2004)的研究发现,在预测成员的组织公民行为时,组织认同对其中一些维度影响关系不显著。达顿等(1994)认为,组织认同有助于提升组织内的凝聚力、利他和协作行为。康罗伊等(Conroy et al.,2017)提出,个体对组织的认同使个人将自身的职业发展与组织命运进行统一,成员将加强与组织内的协作与沟通。

组织认同在组织情境中具有重要的预测作用。相关研究表明,组织认同有助于增加成员之间的合作行为(Dutton et al.,1994)、建言行为(颜爱民和郝迎春,2020)和亲组织非伦理行为(曹洲涛等,2019),同时减少员工的反生产行为(王哲和张爱卿,2019)。

综上所述,组织认同是预测员工态度与行为的重要前因变量,具有显著的重要性。进一步的研究揭示,组织认同对于组织内的破坏性因素同样展现出显著的抑制作用。经过对相关文献的系统梳理,我们发现,尽管在组织认同的定义、维度描述及测量工具方面尚未达成一致,但对组织认同核心要素的共识基本形成。这些核心要素包括将个人身份与感知到的组织身份进行归类,并作出一致性评价,进而引发积极的态度和行为反应。此外,组织认同还能有效遏制员工的消极行为,因此在组织行为研究领域占据重要地位。组织认同的结果变量,详见表2-8。

表2-8　组织认同的结果变量

学者	结果变量
奥莱利和查特曼(1986)	留在组织的意向、员工的角色外行为
阿什福斯和麦尔(1989)	个体完成组织目标的努力程度
迪克等(2006)	员工的角色外行为
达顿等(1994)	组织内的凝聚力、利他行为、协作
康罗伊等(2017)	合作意图
颜爱民和郝迎春(2020)	建言行为
曹洲涛等(2019)	亲组织非伦理行为
王哲和张爱卿(2019)	反生产行为

4. 组织认同研究评述

国内外学者对组织认同的定义、测量方法、前因变量及影响结果等方面进行了广泛探讨,并取得了诸多成果。然而,该领域仍有进一步研究的必要。首先,组织认同的定义尚需进一步明确。学者们从不同视角出发,对组织认同的概念进行了界定,并基于此开发了多种测量量表。因此,有必要进一步明确组织认同的定义,并设计出更为合理的量表工具,以便为后续研究提供更清晰的理论框架和更精确的测量方法。其次,目前的研究尚未充分结合文化因素。鉴于不同文化背景下员工在信仰、价值观等方面存在显著差异,这些差异会影响员工的认知和态度,进而导致不同的行为表现。因此,本研究认为传统性可能是影响员工对领导行为态度的一个关键调节变量。

2.2.4　职场焦虑

1. 职场焦虑的定义

1844年,心理学家索伦·克尔凯郭尔在其撰写的《恐惧的概念》一书中,较早地对焦虑的定义进行了界定,认为焦虑是个体在面临抉择时所经历的一种心理感受。随着心理学领域的不断进步,焦虑问题逐渐受到理论界的广泛关注,并推动了相关研究的深入发展。恩德勒和科科夫斯基(Endler and Kocovski,2001)提出,焦虑是个体在面临威胁情境时所体验到的一种紧张与忧虑的心理状态,并将其细分为特质焦虑与状态焦虑两种类型。特质焦虑涉及个体长期感知的一系列负面情绪,如紧张和担忧;而状态焦虑则指那些持续时间较短的负面情绪,如不安和烦躁。杰克斯(Jex,1998)研究了焦虑对员工工作绩效的影响,并指出工作环境中的焦虑是员工应对压力源的一种个人策略,对员工的健康可能产生不利影响。艾森克等(Eysenck et al.,2007)认为,由于个体特质的差异,个体在处理工作和面对职场环境时会产生紧张和忧虑。穆斯查拉和林登(Muschalla and Linden,2012)提出,职场焦虑是员工在处理工作任务时所体验到的紧张和不安,是员工应对压力时的反应。本研究借鉴了穆斯查拉和林登(2012)对职场焦虑的定义,认为职场焦虑是指个体在完成工作任务时所感受到的紧张和忧虑,是员工在组织中感受到威胁时所体现的不安与担忧,是一种与组织情境相关的状态焦虑,与特质焦虑相比,它是一种更为个人化且持续时间较短的情绪状态。该定义从情绪认知角度界定了职场焦虑。

2. 职场焦虑的前因变量

经过对现有文献的梳理,可以发现员工特质、核心自我评估、组织战略及领导风格等因素对于预测个体在职场中的焦虑水平具有显著效果(Cheng and McCarthy, 2018)。此外,员工的个人特征对于预测其与工作场所同事之间的互动模式及对工作环境的感知具有显著作用(Mischel and Shoda, 1995)。本书提出,上述因素是导致员工在情绪、认知和行为上展现出不同响应策略的关键所在。

(1)员工特质。

经过对现有研究的梳理,笔者发现个体的性别、年龄及工作年限与员工在职场中的焦虑感存在密切联系。研究指出,在职场中,女性感受到的焦虑程度普遍高于男性(Feeney et al., 2015)。造成女性员工焦虑感高于男性员工的原因可能涉及两个方面。首先,生物学因素,如家族遗传、女性的生理特征等;其次,社会角色的期望。现代女性除了职业责任外,还需承担家庭照顾的重担,这使她们在面对工作压力时,更易感到焦虑(Feeney et al., 2015)。最后,个体的年龄和工作年限对职场焦虑同样具有显著影响,这可能是因为随着员工在职场中工作经验的积累,其适应能力得到增强(Roberts et al., 2006)。

(2)核心自我评估。

员工对于自我价值的认知对其个人具有诸多正面影响。那些拥有积极自我评价的员工往往能够肯定自己的能力和价值,在面对工作任务时展现出较高的心理韧性(Chamberlain et al., 2007),这有助于降低其在职场中的焦虑感。然而,那些自我评价较为消极的员工则倾向于将工作中的失败归咎于自身,这反而会加剧他们的焦虑水平(Collins et al., 2015)。

（3）工作环境。

工作压力是导致员工在职场上产生高度焦虑的重要因素。在众多压力源中，工作中的高绩效要求尤为显著，它对员工构成了威胁，并且加剧了职场焦虑的程度（叶晓倩等，2021）。此外，高绩效要求往往伴随着一定的风险，员工若未能完成既定工作，可能面临惩罚（李志成等，2018）。在高绩效的工作环境中，员工常常面临较多的不确定性及较低的可控性，这些因素容易引发焦虑情绪。进一步的研究表明，当个体面对超出自身能力的工作要求，或者工作任务与工作角色的界限不明确时，员工的工作满意度会显著下降，导致疲惫感增加，从而进一步提升个体的焦虑水平（Ganster et al.，2013）。

（4）组织战略。

组织在制定未来发展战略时，将引导员工关注潜在的威胁。为了减轻这些威胁可能带来的负面影响，员工将采取更为谨慎的行为方式，进而提高其焦虑水平（Jex，1998）。

（5）领导风格。

宋萌等（2020）提出，领导者的跨界行为会大量消耗时间和精力，导致资源在其他领域的分配，使下属感受到的领导关怀减少，增加了员工在职业发展上的不确定性，从而触发了员工的职场焦虑。陈欢欢等（2021）的研究发现，上级的披露行为会使员工的角色范围扩大，消耗心理资源，从而激发焦虑情绪。职场焦虑的前因变量，如表2-9所示。

表2-9　职场焦虑的前因变量

学者	前因变量
费尼等（Feeney et al.，2015）	性别
罗伯茨等（Roberts et al.，2006）	年龄、工作年限
张伯伦等（Chamberlain et al.，2007）	核心自我评价
叶晓倩等（2021）	绩效压力

学者	前因变量
王庆金等（2020）	职场排斥
杰克斯（1998）	组织战略决策
宋萌等（2020）	领导的跨界行为
陈欢欢等（2021）	上级披露

3. 职场焦虑的结果变量

经对现有文献进行梳理，发现职场焦虑对员工的工作绩效、工作行为等均会产生负面影响。

（1）工作绩效。

研究表明，员工在经历焦虑时，往往会将更多的认知资源聚焦于潜在的威胁源，并采取谨慎的行为以规避可能的负面后果，旨在消除风险（Jex，1998）。程和麦卡锡（Cheng and McCarthy，2018）的证实指出，职场焦虑会对工作绩效产生不利影响。但有效的团队沟通和良好的人际关系能够显著减轻职场焦虑对工作绩效的负面影响（Wachs and Helge，2001）。同时，程和麦卡锡（2018）也指出，在个人动机和自我调节系统的影响下，职场焦虑也可能对工作绩效产生积极影响。

（2）工作行为。

依据资源保存理论，个人所拥有的资源是有限的。当个体为应对工作压力而投入大量资源，导致自身资源减少且无法获得补充时，会引发情绪衰竭，并诱发工作相关的偏差行为（Hobfoll，1989）和工作退缩行为（叶晓情等，2021）。同时，产生偏差行为的个体会使其更加关注压力源，导致注意力分散，容易引发信息处理障碍（Lin et al.，2016）。此外，研究显示，体验到职场焦虑的员工会倾向于传统的工作方案，不利于员工的创新过程投入（袁凌等，2021）。同时，个体为了逃离焦虑状态，会降低对伦理道德的思考，会为了组织利益而实施亲组织非伦理行为（李志成等，2018）。此外，职场焦虑显著影响员工缺勤行为。当职场中蕴含着威胁的氛围,员工会提升环境感知,搜索威胁来源,为控制威胁的负面影响,员工通常会采取规避策略,提升缺勤行为(Bar-Haim et al.,2007)。职场焦虑导致的结果变量,如表2-10所示。

表 2-10　职场焦虑导致的结果变量

学者	结果变量
麦卡锡等(2009);程等(2018)	工作绩效
霍布福尔(Hobfoll,1989)	偏差行为
叶晓倩等(2021)	退缩行为
袁凌等(2021)	创新过程投入
李志成等(2018)	亲组织非伦理行为
巴尔-海姆等(Bar-Haim et al.,2007)	员工缺勤

4. 职场焦虑研究评述

对职场焦虑的研究源自心理学与医学领域,随着研究的不断深入,学者们将其纳入组织行为学的研究范畴,并逐渐引起了学术界的关注。经过对现有文献的梳理,可以发现目前关于职场焦虑的研究主要集中在定性分析上,而基于实证的定量研究相对较少。此外,现有的定量研究主要集中在探讨职场焦虑所带来的影响效应。鉴于此,深入研究职场焦虑的成因及其后果显得尤为必要。

2.2.5　责任知觉

1. 责任知觉的定义

目前,学术界普遍接受艾森伯格等(Eisenberger et al.,2001)及富勒等(Fuller et al.,2006)对责任知觉的理论阐释。艾森伯格等(2001)提出,责任知觉涉及组织成员对组织福祉的关注程度,并且愿意主动付出个人努力以助于实现组织目标的信念。本书倾向于赞同富勒等(2006)对责任知觉的定义,即责任知觉是指员工在履行约定职责之外,主动贡献额外努力,并积极投身于组织,致力于开展积极活动的程度。

2. 责任知觉的前因变量

(1)组织层面。

从组织层面分析,学者们发现,差错管理氛围、组织公平氛围、组织支持、企业社会责任、领导与下属的交换关系、领导的发展性反馈及领导风格等要素,均会对成员的责任意识产生影响。艾森伯格等(2001)指出,员工所感受到的组织支持有助于激发员工的责任知觉。陈秋萍和刘紫娟(2022)的研究发现,浓厚的差错管理氛围有助于支持性的工作环境,能够显著提升员工的责任知觉。洛克等(Roch et al.,2019)的研究发现,当员工感受到组织的公正对待时,会积极提高其责任感。颜爱民等(2020)认为,企业所承担的内外部社会责任,有助于激发员工之间的互惠意愿,进而增强员工的责任知觉。此外,研究表明,领导—部署交换(李响,2017)、领导发展性反馈(颜爱民和郝迎春,2020)和领导的角色榜样(Ogunfowora et al.,2021)均对员工的责任知觉产生积极影响。关于领导风格对员工责任知觉的影响,当前研究主要集中在积极领导风格,如变革型领导(Duan et al.,2022)、服务型领导(田启涛,2017)、双元型领导(郭萌,2020)、自我牺牲型领导(田晓明和李锐,2015)、道德型领导(梁建,2014)等,这些领导风格均对员工责任知觉产生积极影响。

(2)工作特征。

袁书杰(2021)提出,当员工在工作过程中享有一定程度的自主权时,将显著增强其对组织的情感承诺、责任感及认同感,从而提升员工回报组织的内在动力,并增强其协助实现组织目标的意愿。责任知觉的前因变量,如表2-11所示。

表2-11 责任知觉的前因变量

学者	前因变量
艾森伯格等（2001）	组织支持
陈秋萍和刘紫娟（2022）	差错管理氛围
洛克等（2019）	组织公正氛围
颜爱民等（2020）	企业承担的内外部社会责任
李响（2017）	领导—部署交换
颜爱民和郝迎春（2020）	领导发展性反馈
奥贡福拉等（Ogunfowora et al., 2021）	领导角色榜样
段锦云等（Duan et al., 2022）	变革型领导
田启涛（2017）	服务型领导
郭萌（2020）	双元型领导
田晓明和李锐（2015）	自我牺牲型领导
梁建（2014）	道德型领导
袁书杰（2021）	工作自主性

3. 责任知觉的结果变量

责任知觉是员工所持有的对工作具有积极影响的一种信念。当员工意识到自己对组织的发展负有责任时，他们不仅限于完成职责范围内的任务，还会主动采取行动以促进组织的发展（梁建，2014），进而表现出更多的亲社会或利他性角色外行为（Liang et al., 2012）。研究显示，责任知觉能够有效预测员工的积极态度和行为，如组织公民行为（田启涛，2017）、建言行为（梁建，2014；Duan et al., 2022）、道德勇气行为（Ogunfowora et al., 2021）、情感承诺（Eisenberger et al., 2001）、员工管家行为（颜爱民等，2020）及前瞻行为（田晓明和李锐，2015）。责任知觉的结果变量，如表2-12所示。

表 2-12　责任知觉的结果变量

学者	结果变量
梁建（2014）、段锦云等（2022）	建言行为
田启涛（2017）	组织公民行为
奥贡福拉等（Ogunfowora et al., 2021）	道德勇气行为
艾森伯格等（Eisenberger et al., 2001）	情感承诺
颜爱民等（2020）	员工管家行为
田晓明和李锐（2015）	前瞻行为
李响（2017）	服务创新行为
郭萌（2020）	越轨创新行为

4. 责任知觉研究评述

作为员工信念层面的责任知觉，对组织和团队具有正面影响，正日益受到研究者的重视，相关研究成果也逐渐增多。然而，目前的研究仍存在诸多不足之处。通过对现有文献的梳理，我们发现领导行为能够有效预测员工的责任知觉，并进一步影响员工在建言和亲社会行为上的表现。尽管如此，现有研究关于责任知觉对员工绩效的影响尚未进行深入探讨，因此开展关于责任知觉与员工绩效关系的研究显得尤为必要。

2.3　调节变量研究综述

2.3.1　团队权力距离

1. 团队权力距离的含义

权力距离较早被学者界定为，在社会群体中，权力集中在少数人手中，而大多数人仅能掌握较少权力的不平等现象（Mulder, 1971）。权力距离与文化价值观紧密相关，学者们对权力距离的深入研究和探讨，已经积累了丰富的学术成果。其中，关于团队权力距离的概念，如穆德（Mulder, 1971）将权力距离定义为权力较少的个体与权力较多的他人之间权力分配不均的程度,并指出权力较多者倾向于维持或增加权力距离,而权力较少者则持相反态度。

当前研究对权力距离的探讨涵盖了国家、组织、团队及个体等多个层面(包艳和廖建桥,2019)。在国家层面,权力距离是一个宏观概念,涉及社会对权力分配不均的普遍接受程度(Hofstede,1993)。个体层面的权力距离则是一个微观且具体的概念,关乎个体对权力分配不均的容忍度(Farh et al.,2007)。团队层面的权力距离则是在个体层面基础上的扩展,反映了团队成员对权力分配不均的总体看法(Cole et al.,2013)。现有研究多聚焦于个体层面的权力距离,而少数研究则通过汇总个体数据,进而探讨团队层面的权力距离。团队层面的权力距离更加强调团队成员对权力分配的整体态度,反映了员工价值观在团队层面的汇总,以及对权力不平等的潜在预期(Cole et al.,2013)。权力距离的导向会影响员工对领导的认知和态度(Farh et al.,2007)。当团队权力距离水平较高时,团队成员更易接受权力分配的不平等,倾向于对领导表现出信赖、尊重和顺从(Bochner and Hesketh,1994)。反之,当团队权力距离水平较低时,成员对领导的遵从意愿减少,期望领导能够授权,积极参与组织决策,并希望获得更多的组织控制权(Loi et al.,2012)。团队权力距离反映了领导行为被团队成员接受的程度,进而影响团队成员的态度和行为。社会规范及领导和员工的价值观对团队的集体认知具有重要影响(王琳,2019),因此,团队成员对领导地位和权力分配不平等的普遍认同程度将决定团队是倾向于积极参与决策还是遵从领导(Schaubroeck et al.,2007)。基于上述学者对团队权力距离的定义,本书认为,团队权力距离是指团队成员对权力分配不平等的总体态度(Cole et al.,2013)。

团队权力距离是衡量团队成员接受领导权威程度的重要指标,员工对领导的评价和认知同样具有显著的作用(Farh et al.,2007)。当团队权力距离水平较高时,领导往往拥有更高的权威,并对团队产生更大的影响,团队成员更倾向于接受领导的观点和行为(Kirkman et al.,2009)。因此,当团队权力距离水平较高时,领导的权威性更为显著,领导对团队的影响力也更为强大,团队成员更倾向于依照角色所赋予的责任和义务来执行工作职责。

2. 团队权力距离的调节作用

在组织层面,罗伯特(Robert et al.,2000)认为,权力距离显著地影响管理实践(包括授权与持续改进)与工作满意度之间的权变关系。当团队权力距离水平较高时,管理实践对工作满意度的积极影响会受到削弱。袁凌和蒋镇武(2022)的研究发现,在差异化辱虐管理与团队协调的关系中,团队权力距离具有调节作用。具体而言,当团队权力距离水平较高时,差异化辱虐管理对团队协调产生的影响较小。马粤娴等(2016)认为,在非道德型领导对团队道德疏离的预测过程中,团队权力距离氛围发挥着正向的调节作用。具体而言,当团队中存在较为浓厚的权力距离氛围时,非道德型领导与团队道德疏离之间的消极关系更为显著。容琰等(2015)在探讨情绪智力有效性的研究中考虑了团队权力距离的权变作用,根据他们的研究结果,当团队存在较为浓厚的权力距离氛围时,领导的情绪智力与程序公平氛围的关系更为显著;反之,则会弱化领导情绪智力对程序公平氛围的预测作用。

3. 团队权力距离的研究评述

尽管目前关于权力距离的研究已经涵盖了国家、组织、团队及员工等多个层面,但在组织、团队及个体层面的权力距离研究仍显不足(包艳和廖建桥,2019)。此外,部分研究结果尚存争议,故未来研究应深入探讨团队层面和个体层面的权力距离。首先,应加强团队权力距离与其他团队变量之间影响关系的研究,如团队创造力、团队公民行为、团队偏差行为及团队冲突等。其次,应针对团队权力距离与绩效结果之间的关系进行更为广泛的探讨。目前,关于组织权力距离与组织任务绩效的研究结论尚存在分歧,需要进一步深入研究。因此,本书构建的团队权力距离对自利型领导与团队绩效关系的影响具有一定的理论价值和实践意义。

2.3.2 传统性

1. 传统性的含义

在传统文化的熏陶下,中华优秀文化已深刻地融入中国人的性格特质,如传统性(倪渊和李翠,2021)。传统性与权力距离、集体主义等文化特征因素不同,它体现了个体对传统社会习俗与规范的承诺、尊重与接受(杨国枢等,2008)。杨国枢等(1989)较早地认识到中国人的传统性特征,发现中国人在传统儒家文化的熏陶下,在行为取向、价值观、处世态度等方面展现出独特之处,并据此构建了相关量表。施瓦茨(Schwartz,1992)提出传统性反映了个体在多大程度上尊重和接纳传统习俗和规范。法尔赫等(1997;2007)在组织行为研究中较早地探讨了传统性的作用,发现传统性高的员工会依照上尊下卑的观念指导自己的行为,在工作中表现出对领导的无条件服从,对员工的价值观和工作态度有着显著影响。法尔赫等(1997)在杨国枢等开发的量表基础上进行了调整,设计了五题项量表,评估个体对家庭和社会关系中的传统等级角色关系的认同程度。法尔赫等界定的定义和量表被大量学者认可,并在研究中采纳。

在传统氛围中,人们普遍重视人际交往,并展现出对权威的服从、对长辈的孝敬、对传统的尊重及对现状的保守和对命运的自我保护等传统价值观(杨国枢等,1989)。具有较高传统性的员工往往将满足领导的需求和感受视为一种社会责任(Hui et al.,2004),并且认同自我与领导的角色定位(Farh et al.,1997)。领导对员工的处理方式对员工的角色义务感知产生的影响相对较小(Farh et al.,2007)。

综上所述,中国员工在工作组织中通常会根据他们所感知的角色和责任来调整自己的态度和行为,而较少依据组织公平感知来采取行为方式。同时,在社会交往规范中,维持人际关系的准则较为复杂,不仅遵从公平原则、交换原则,也认同角色期望、人情关系等传统规范。因此,员工在职场中的工作努力程度不仅受组织环境的影响,如差序氛围,还由员工的传统性所带来的对自身角色的认识所影响。传统性与员工感受领导对待自己的方式并由此对工作行为和态度产生的影响具有显著关系,传统性存在差异的个体,其受领导消极对待,而引发个体在态度和行为方面的影响也存在不同。因此,本书将探讨传统性在模型中的边界影响。

2. 传统性的调节作用

在组织行为学的研究领域,传统性被视为一个关键的调节变量,用以分析其在组织行为中的作用(Farh et al.,1997)。相较于低传统性的员工,高传统性的员工展现出更为强烈的角色意识,并且在组织权威人物的影响下,其工作态度和行为的转变可能性较低。他们的态度和行为更多地受到所承担社会角色要求的决定(Farh et al.,2007)。现有研究揭示了员工的公平感知对绩效的影响(Farh et al.,1997)、授权感知对组织自尊和局内人地位的影响(Chen et al.,2007)、领导成员交换质量与员工组织公民行为的关系(Hui et al.,2004)、威权领导与员工隐性知识共享(张亚军等,2015)、反生产工作行为(李英武等,2021)、职场孤独感和创新意愿(何雨珊等,2020)等,均受到传统性调节作用的影响。文献综述表明,传统性的调节作用主要通过两个途径体现:首先,它影响领导风格(如变革型领导、家长式领导、辱虐管理、上级无礼行为和家庭支持型领导)对员工行为和态度的作用;其次,它影响个体心理认知(如职场孤独感、组织支持感、职场八卦和心理所有权)对个体行为的作用。学者们对传统性调节作用的研究内容,如表2-13所示。

表 2-13　学者们对传统性调节作用的研究内容

学者	研究内容
法尔赫等（Fath et al., 2007）	传统性负向调节组织支持感对组织公民行为的影响
陈振雄等（Chen et al., 2007）	传统性在授权感知与组织自尊和局内人地位之间具有调节作用
吴湘繁（Wu et al., 2018）	传统性正向调节职场负面流言对员工积极行为的影响
刘军等（Liu et al., 2010）	传统性在辱虐管理与领导指向的偏差行为具有负向调节作用
张亚军等（2015）	传统性负向调节威权型领导与员工隐性知识共享的关系
李英武等（2021）	传统性在威权型领导对员工反生产行为有负向调节作用
何雨珊等（2020）	传统性对员工职场孤独感和员工创新意愿有正向调节作用

3. 传统性研究评述

在中华传统文化的影响下，中国人展现出诸多独特的文化特征，这些特征深刻地塑造了他们的组织行为和处世态度。作为中华传统文化的显著代表，传统性在组织情境中发挥着至关重要的作用。文化差异对组织内个体行为产生重要影响（Farh et al., 2007），如影响员工对领导的认知及对领导行为的响应（倪渊和李翠，2021）。自法尔赫等（1997）将传统性概念引入组织行为领域以来，传统性在组织管理中的研究一直是学术界关注的焦点。跨文化研究揭示了同一组织情境在不同文化背景下所表现出的差异性。因此，在研究组织行为时，必须充分考虑文化因素，以完善和丰富组织行为理论。同时，在研究本土组织行为时，应考虑中国员工在文化价值观方面所展现的独特特征，从而揭示我国企业管理实践中的特殊现象。

2.3.3 团队心理安全感

1. 团队心理安全感的调节作用

研究表明,团队心理安全感具备有效的传导机制,并在某些研究中扮演了关键的边界作用。例如,在具备较高团队心理安全感的团队中,成员之间能够进行自由的交流,享有良好的人际互动,这有助于挖掘团队多样性的潜力,并有效减轻团队多样性对团队创新可能产生的负面影响。

勒鲁瓦等(Leroy et al., 2012)探讨了领导者的安全行为在平衡员工在遵守安全协议和报告违反协议错误之间的影响。研究表明,在团队心理安全感较高的环境中,心理安全感对员工报告错误的积极影响更为显著,这说明高心理安全感环境能够减少员工在指出问题后的心理顾虑。在心理安全感较高的团队中,成员间相互信任,对知识分享导致的竞争地位下降的担忧较少,这有利于减少成员的知识隐藏行为(曹洲涛和李语嫣,2021)。杨付和张丽华(2012)的研究表明,团队心理安全感能够有效促进员工的创新行为,并且在学习型领导和创新型领导对创新行为的影响中起到显著的调节作用。杨相玉等(2016)的研究发现,在团队心理安全感水平较高的团队中,成员的学习目标和证明取向与知识共享的关系得到加强,而成员回避取向对知识共享的负面影响则被削弱。此外,卡卡尔(Kakar, 2018)也证实了心理安全感对知识共享的积极作用。钱静等(Qian et al., 2020)的研究结果显示,在团队心理安全感水平较高的情况下,心理可用性与员工知识共享行为之间的关系更为积极。佟星和任浩(2019)的研究发现,团队心理安全感在双元领导(开放式领导与闭合式领导)行为的团队探索式能力和团队利用式能力之间发挥着调节作用。当团队心理安全感氛围较高时,双元领导的团队探索式能力和团队利用式能力之间的正向关系更为积极。徐振亭等(2018)的研究表明,在领导—成员交换关系与员工工作投入两者中,团队心理安全感发挥着正向的调节作用。马跃如等(2018)的研究表明,在面对破坏型领导时,会对员工的行为和心理产生不利影响,但团队心理安全感能够有效缓解这些消极作用。

2. 团队心理安全感研究评述

目前,关于团队心理安全感调节作用的研究主要集中在领导行为对员工行为及心理影响的调节效应上,鉴于心理安全感氛围对员工创新具有显著影响(West,2002)。因此,行为研究主要聚焦于创新行为与知识共享。同时,也有部分研究探讨了员工态度的影响,如工作投入与离职意愿。尽管现有文献主要关注员工在组织中承担人际风险的感知(Edmondson,1999),但团队心理安全感同样能够对员工情绪和行为产生影响(Grandey et al.,2013)。基于此,本书旨在探讨团队心理安全感在员工职场焦虑与员工绩效之间的调节作用。

2.4　因变量研究综述

2.4.1　员工绩效

绩效可划分为组织、团队及个体等多个层面(林新奇等,2022)。员工绩效是管理学领域研究的核心(王小予等,2019)。自员工绩效这一概念提出以来,始终是学术界关注的焦点(Campbell et al.,1990)。相关研究成果极为丰富,国内外学者从不同视角提出了员工绩效的观点。然而,迄今为止,关于员工绩效的定义、结构及测量方法尚未形成统一共识。

1. 员工绩效的定义

关于员工绩效的定义,目前还没有统一的界定。《辞海》将绩效阐释为工作成绩与效果。当前研究对绩效存在三种不同的理解,分别是行为、结果及二者的结合。当绩效被视为行为时,研究侧重于员工的工作行为和过程;而将其视为结果时,则关注员工的工作成果。贝尔纳丁和贝蒂(Bernardin and Beatty,1984)提出,员工绩效是工作说明书中规定任务的执行程度,是员工行为的直接产物。至20世纪末,有学者指出,仅关注绩效的结果是片面的,这种聚焦可能忽略对工作过程中其他关键因素的重视,尽管这些因素与工作任务未必直接相关,但它们对任务结果具有决定性影响。因此,他们提出绩效应是与工作结果相关的行为过程,并基于此对员工绩效进行了广泛的研究(Campbell et al.,1990)。随着对员工绩效认识的不断深化,众多学者认为应重视员工为实现工作绩效所付出的全部努力,从而支持员工绩效的综合观,即任务绩效、组织公民行为和创新绩效均可视为绩效(林新奇等,2022),同时还将学习过程等要素纳入员工绩效的研究范畴(韩翼等,2007),从而拓展了工作绩效的内涵。

(1)基予结果的员工绩效。

贝尔纳丁和贝蒂(1984)将工作绩效定义为员工为实现组织目标,在特定时间内依据工作要求所产生的成果。路坦斯(Luthans,2002)视员工绩效为员工履行岗位职责的程度,可从工作量和完成质量两个维度进行评估。一方面,作为角色内行为,将组织对员工的工作要求纳入薪酬评价体系(Blickle et al.,2017)。贝尔纳丁(Bernardin et al.,1996)的研究表明,在实现组织目标的过程中,员工绩效会受到能力、环境等多种因素的限制,但他认为绩效结果的测量相对客观,易于评价,能够反映员工的努力程度,从而了解员工对组织的态度,并据此实施有效的奖励。因此,仅依据结果对工作绩效进行评价,忽视了员工为完成工作所克服的困难和付出的努力。另一方面,若仅从工作结果来衡量员工的工作任务完成情况,无法公正地评估员工的工作努力程度和工作态度。进一步而言,不客观的工作绩效评价可能导致对员工绩效的误判,从而采取错误的管理措施,伤害员工的工作热情,违背员工的心理契约,最终对组织产生不利影响。过度关注工作结果的员工绩效可能导致员工忽视整体目标,追求短期利益,对组织的总体目标产生负面影响。以结果为导向的绩效评估无法衡量员工在完成工作目标过程中所付出的其他努力。因此,本书后续的研究将关注影响绩效行为产生的影响因素。

(2)基于行为的工作绩效。

诸多研究指出,绩效本质上是一种行为表现,因此评估工作绩效应当以行为作为主要考量。这一观点的主要依据在于,员工在实现组织目标的过程中,往往需要投入大量资源以应对各种不可预见的难题,这些难题对组织目标的实现效果产生了影响(Campbell et al.,1993)。若无法排除这些干扰因素,组织便无法全面评估员工对组织的贡献,作为其绩效考核的依据(Motowidlo,2003)。基于此,一些学者将基于行为的员工绩效定义为"员工为实现组织工作或目标所采取的组织所期望的行为"。员工绩效反映了员工根据岗位要求和自身能力,为实现组织目标所进行的所有行为。绩效并非结果的体现,而是行为的展现(Rotundo et al.,2002),并且这种行为与组织目标紧密相关,是纳入考核体系的工作表现。员工在完成组织任务过程中,可以通过劳动技能、沟通能力和努力程度等方面进行评估(Campbell et al.,1990)。个体的积极主动意愿是激发此类行为的关键,使其在工作中的表现更为卓越(Rotundo et al.,2002)。莫托维德洛(Motowidlo,2003)提出,绩效是在一定时期内,员工所实施的、对完成工作任务有积极贡献的一系列行为。同时,他强调,作为实现组织目标的积极行为,员工绩效应当具备多维度和可评估性。

(3)员工绩效的综合视角。

学者们提出,员工绩效的评估不应仅限于结果,而应涵盖行为表现。在衡量员工绩效时,除了结果的评估,行为过程也应予以考虑(林新奇等,

2022)。研究指出，适应性、持续学习与创新性也应成为员工绩效评估的组成部分，从而提出更为合理的绩效管理模式（韩翼等，2007）。瓦尔德曼（Waldman，1994）提出，员工所处的环境及个人因素可能对绩效产生干扰。仅强调工作本身可能导致忽视整体表现中其他重要方面（Welbourne et al.，1998）。赛德马兰卡（Sydänmaanlakka，2002）认为，员工绩效评价应包括个体的学习意愿、知识分享、知识应用水平及创新行为等方面。因此，有学者将个体学习与知识共享纳入绩效概念中（Janssen and Van Yperen，2004）。例如，孙健敏和焦长泉（2006）构建了一个包含任务绩效、个体特质绩效和人际绩效的三因素模型，提出绩效是员工为完成组织任务所进行的行为，应包含可评价的要素，使该行为具有可衡量性。过分强调结果可能忽视员工在组织正式绩效考核之外的付出，而这些付出对组织结果同样具有积极影响。韩翼等（2007）认为，鉴于组织环境的不断变化，员工需适应组织内外部环境的变化，并有效地进行学习，具备创新性思维，因此工作绩效的评估应将员工的学习能力和创新行为纳入考评管理。除了行为和结果，员工的态度和持续学习的个人特质也应成为员工绩效评估的一部分，两者不可偏废（林新奇等，2022）。员工绩效的定义汇总，如表2-14所示。

表2-14　员工绩效的定义汇总

视角	学者	定义
基于结果	贝尔纳丁和贝蒂（1984）	员工在某一特定的时间内根据工作职能或活动而产生的结果
	贝尔纳丁和贝蒂（1996）	对结果的评估能够使绩效评价相对客观
	路坦斯（2002）	员工对其职责范围内工作完成的程度，可以从工作量和完成质量两个方面进行 衡量

续表

视角	学者	定义
基于行为	坎贝尔等 （Campbell et al., 1990）	能够通过工作熟练程度和贡献大小来评估员工绩效
	罗通多和萨基特 （Rotundo and Sackett, 2002）	员工为完成工作任务而进行的自主控制行为
	莫托维德洛（2003）	员工在规定时间为进行的有助于工作任务完成的行为
综合视角	赛德马兰卡（2022）	应将员工主动学习、知识共享行为、获取知识和应用知识的能力，以及创新行为纳入员工绩效评价
	詹森和范伊佩兰 （Janssen and Van Yperen, 2004）	应将员工通过学习不断获取新知识和新技能以提升环境适应能力纳入绩效考核
	孙健敏和焦长泉（2006）	员工为实现组织目标所做的可衡量的、具备可评价要素的全部行为
	韩翼等（2007）	除了行为和结果之外，为适应环境变化，员工的持续学习行为、具有创新性思维，也应纳入员工绩效考评管理
	林新奇（2022）	员工态度和持续学习的个人特质也应纳入员工绩效，两者不可偏废

2. 员工绩效的维度

学者们从不同视角出发，提出了多种员工绩效的维度模型。

（1）二维结构。

卡茨与卡恩（Katz and Kahn, 1996）构建了员工绩效的二维模型，该模型区分了角色内绩效与角色外绩效。卡茨与卡恩（Katz and Kahn, 1978）提出，员工在组织中的行为应涵盖加入并持续留在组织、履行岗位职责及主动执行超越岗位角色要求的行为。其中，加入并持续留在组织、履行岗位职责属于角色内行为,而超越岗位角色要求的行为则属于角色外行为。这一观点,即工作绩效由角色内行为与角色外行为构成,得到了众多研究者的支持。博尔曼等(Borman et al.,1993)基于坎贝尔等(1990)的研究成果,构建了一个包含亲社会行为、组织公民行为及"士兵有效性模型"等因素的二维结构,该结构涉及任务绩效与情境绩效。莫托维德洛与博尔曼(Motowidlo and Van Scotter,1994)的研究强调了任务绩效与情境绩效在评估员工绩效中的重要性,认为绩效评价不应局限于单一维度,而是至少包含两个不同的方面,这两个方面均对整体绩效产生影响。斯考特与莫托维德洛(1996)对情境绩效进行了深入探讨,提出情境绩效应包括人际促进与工作奉献两个维度。人际促进涉及对组织任务有益的人际行为,如提升员工积极性、促进团队合作等情境。工作奉献则主要体现在自律行为上,如遵守规章制度、勤奋努力和积极主动。此外,有学者从不同视角出发,提出了角色绩效与创新绩效两个维度的工作绩效模型,其中创新绩效与任务绩效、情境绩效有所不同,它反映了员工对自身未来职业成长和进步的关注(Randall et al.,1999)。

(2)三维结构。

随着组织环境的演变及管理研究的深化,研究者们逐渐认识到传统二维绩效结构存在若干不足之处,特别是在评估员工对组织内外部环境适应性方面尚显不足,无法对员工绩效作出全面合理的评价。因此,艾尔沃斯(Allworth,1997)在分析绩效结构时,特别关注下属的适应性能力,并构建了一个包含任务绩效、情境绩效和适应性绩效因素的三维结构。普拉科斯等(Pulakos et al.,2000)对员工的适应性绩效进行了深入研究,提出可以从八个维度对适应性绩效进行评估(包括危机处理、工作抗压能力、工作创新水平、应对不确定性水平、学习能力、人际关系适应能力、文化接受性和体质应对性),从而更加重视员工对组织环境变化的适应性。斯考特和莫托维德洛(1996)在莫托维德洛和斯考特(1994)构建的任务绩效和情境绩效二维结构的基础上,对情境绩效进行了进一步的细化,设计了任务绩效、工作奉献和人际促进的三维度工作绩效模型。其中,人际促进指的是成员之间建立良好的人际关系,增强互助合作的能力。我国学者孙健敏和焦长泉(2006)基于对企业管理者的研究,构建了包含任务绩效、个体特质绩效和人际绩效的三维度绩效模型。通过比较分析,笔者发现个体特质绩效和人际绩效与情境绩效具有较高的相似性。此外,还有研究将消极因素纳入员工绩效的维度中,罗通多和萨基特(2002)在工作绩效的维度构建中,除了包括组织公民绩效和任务绩效,还将反生产绩效纳入其中。

(3)多维结构。

坎贝尔等(1990)通过对新入伍士兵的研究得出结论,军队士兵的绩效由五个维度构成。随后,坎贝尔等(1993)提出了影响员工绩效的八个因素,并据此构建了员工绩效的八因素模型。维尔伯恩等(Welbourne et al.,1998)基于角色理论和认同理论,构建了一个包含任务绩效、职业或技能绩效、创新绩效、团队绩效及组织绩效五个维度的员工绩效评价模型。我国学者温志毅(2005)以本土管理为背景提出,工作绩效应由努力绩效、适应绩效、任务绩效和人际绩效四个因素构成。韩翼等(2007)通过对量表进行检验,认为努力绩效和适应绩效可以合并为一个维度,并结合中国管理实践,强调成员的学习能力,提出了四维员工绩效模型。韩翼和廖建桥(2006)依据社会交换理论和需求理论,设计了一个包含八个因素的员工绩效模型。学者们对员工绩效维度的研究内容汇总,如表2-15所示。

表2-15　学者们对员工绩效维度的研究内容汇总

结构	学者	员工绩效的维度
二维	卡茨和卡恩(1966)	角色外行为、角色内行为
	卡茨和卡恩(1978)	

续表

结构	学者	员工绩效的维度
	博尔曼和莫托维德洛（1993）	角色外行为、角色内行为
二维	坎贝尔等（1990）	任务绩效、情境绩效
	莫托维德洛和斯考特（1994）	
	斯考特和莫托维德洛（1996）	
	孙健敏和焦长泉（2006）	
	兰德尔等（Randall et al.，1999）	
三维	艾尔沃斯（1997）	任务绩效、情境绩效和适应性绩效
	罗通多和萨基特（2002）	
四维	温志毅（2005）	任务绩效、适应绩效、努力绩效和人际绩效
	韩翼等（2007）	任务绩效、学习绩效、关系绩效和创新绩效
五维	坎贝尔等（1990）	核心技术熟练程度、非核心技术熟练程度、努力和领导、自律程度、健康状态及军容仪表
	维尔伯恩等（1998）	任务绩效、职业或技能绩效、创新绩效、团队绩效、组织绩效
八维	坎贝尔等（1993）	工作相关的熟练程度、非工作相关的熟练程度、书面沟通和口头沟通的熟练程度、自律程度、努力程度、同事互助、领导与监督、管理与执行
	韩翼和廖建桥（2006）	任务绩效、关系绩效、创新及学习绩效、工作满意度、组织承诺、绩效倾向、离职倾向、学历

经过对相关文献的深入研究与分析，笔者发现学者们普遍采用员工绩效二维模型，包括角色内行为与角色外行为、任务绩效与创新绩效等。在当代组织环境中，评估员工绩效不仅需考虑其过往成就与行为表现，还应关注知识更新和技术进步对员工绩效的影响。若在绩效评估过程中未将员工个人发展纳入考量，将难以使员工适应组织不断变化的工作角色（韩翼和廖建

桥,2006)。因此,本书在评估员工绩效时,特别选取了任务绩效与创新绩效作为衡量标准。鉴于员工绩效观点及结构维度的多样性,全面系统地探究员工绩效存在一定的困难。为此,本书将依据相关文献,对任务绩效与创新绩效进行更深入的研究,以期对员工绩效有更全面的理解。

3. 任务绩效

(1)任务绩效的定义及测量。

任务绩效的概念源自工作绩效的理论架构。它是一种角色绩效,企业依据组织结构和岗位职责对员工在其责任范围内与工作成果相关的绩效指标进行评估(Turnley et al.,2003)。有学者提出,任务绩效体现了员工在工作中展现的与工作规范要求相关的熟练程度,这些行为能够有效地促进组织目标的实现(韩翼等,2007)。在工作绩效维度的研究中,坎贝尔等(1990)以美国军队初级职位人员的选拔和分类为研究对象,分析了影响工作绩效的因素。研究结果指出,任务绩效涵盖了员工对特定及非特定工作任务的熟练程度。然而,由于该研究对象并非经济组织,其结论并不具备普遍适用性,不能直接用于评估企业员工的任务绩效。尽管如此,其中关于工作任务熟练程度的分析对后续管理研究产生了积极影响。博尔曼和莫托维德洛(1993)提出绩效应由任务绩效和关系绩效构成,并对两者的定义进行了明确,认为任务绩效包括与工作任务直接相关的熟练水平,而与工作熟练水平无关的绩效则归类为关系绩效,并对两种不同的任务绩效进行了分析。第一种涉及将原材料转化为商品或服务的活动;第二种包括服务和保障活动,如生产原材料的补充、制成品的运输配送及为保障活动有序进行所提供的计划、组织、控制等服务。由于坎贝尔等(1990)与博尔曼和莫托维德洛(1993)对任务绩效的构建基于工作分析法和关键事件分析法,存在一定的局限性,不能全面有效地评价所有工作,因此该观点在后续研究中采纳不多。然而,将工作绩效划分为角色内行为与角色外行为的逻辑得到了许多学者的认可。威廉姆斯和安德森(Williams and Anderson et al.,1991)将任务绩效定义为被组织绩效考核体系所接受并纳入岗位职责说明的行为,并设计开发了包含角色内绩效与角色外绩效的测量量表,其中角色内绩效由七个题项构成,角色外绩效由十四个题项构成。该评价量表基本上覆盖了工作绩效的普适评价内容。因此,在后续研究中,该量表被研究人员广泛采纳(古银华等,2017)。本书中用于测量任务绩效的量表,是对威廉姆斯和安德森(1991)开发的量表进行简化后的版本。

(2)任务绩效的影响因素。

任务绩效作为工作绩效的关键组成部分,众多学者对其进行了广泛的研究,关于任务绩效的研究成果相当丰富。本书通过文献的系统整理发现,目前的研究主要从个体因素、组织因素及工作特征等角度探讨影响任务绩效的因素。

第一,个体因素。个体因素主要包括人格特质、心理状态和个人能力。

一是人格特质。廖辉和张艾嘉(Liao and Chuang,2004)的研究表明,在大五人格特质中,外向性、宜人性、责任心及神经质对服务业员工的任务绩效具有显著影响。史密斯等(Smith et al.,2016)研究了主管对具有马基雅维利主义、自恋和精神变态特质的员工的绩效评价,结果表明主管对那些具有自恋和心理变态特质的员工的任务绩效评价较低。莱皮内(Lepine et al.,2016)的研究发现,展现出魅力型领导行为的陆战队员倾向于将挑战性压力源视为更具挑战性,从而在任务绩效方面表现出色。彭坚和王霄(2016)探讨了追随原型一致性与下属任务绩效之间的关系,研究指出当领导与追随者相匹配时,追随原型的"高—高"一致性能够更有效地促进任务绩效;反之,当两者不匹配时,追随原型的"低—高"组合则更有利于任务绩效。

二是心理状态。威廉姆斯和安德森(1991)的研究表明,由工作引发的满足感对任务绩效具有积极影响。奥兹切利克与巴尔萨德(Ozcelik and

Barsade,2018)对职场中孤独感作为负面情绪与工作表现之间的关系进行了研究。研究结果显示,职场孤独感较高的员工在工作中体验到的归属感较弱,这会对他们的任务绩效产生负面影响。杨伟文与李超平(2021)通过元分析发现,员工的资质过剩感会通过加剧消极情绪,进而降低员工的任务绩效。

三是个人能力。情绪智力是指个体在评价、表达、识别及利用自身情绪方面的能力,并且能够依据情绪信息调整个人的认知与行为。这种能力已被证实能够预测员工的工作绩效(张辉华,2014)。昂等(Ang et al.,2007)基于文化智力,即在不同文化背景下进行自我调适的能力,研究了员工在新文化环境中的文化智力与其工作绩效之间的关系。研究结果表明,具有较高文化智力的个体能够展现出对不同文化的适应性,有效识别角色期望中的差异,明确自身的工作职责,从而提高工作绩效。

第二,组织因素。组织因素主要包括人际关系、组织文化、人力资源管理因素和领导风格与领导能力。

一是人际关系。上下级之间的互动关系能够促进员工的任务绩效提升,且在目标导向型领导对任务绩效产生影响的过程中,上下级关系起着至关重要的作用(Kim et al.,2018)。古银华等(2017)的研究指出,员工对主管的信任能够提高其个人的任务绩效。职场友谊被视为一种条件资源,有助于个体获取关键性资源(Hobfoll,1989)。肖金岑等(2020)在探讨职场友谊与任务绩效之间的关系时发现,职场友谊水平较高的员工更倾向于主动进行投资活动,从而积累更多资源,这对促进任务绩效是有益的。

二是组织文化。杜鹏程和黄志强(2016)的研究表明,组织中的差错管理文化对于提升员工的工作绩效具有积极的促进作用。理查森等(Richardson et al.,2010)认为,尽管组织文化中的规范与价值观属于隐性准则,但它们对员工实现组织目标的积极性具有显著影响。

三是人力资源管理因素。张军伟等（2017）的研究发现，高效的绩效管理系统能够使员工感知到组织对其投资的信息，体现了组织对员工的关注及对其贡献的认可，从而让员工感受到尊重和关怀，因此员工会表现出较高的工作绩效。詹恩（Jain，1983）的研究也表明，有效的人力资源管理系统对提升员工绩效具有积极的影响。

四是领导风格与领导能力。领导风格、领导能力和领导与员工的关系均会对员工的任务绩效产生影响。例如，变革型领导（Breevaart et al.，2016）、授权型领导（蒋丽芹和许艺炜，2020）、自我牺牲型领导（李晔等，2015）、谦卑型领导（杨陈等，2018），均在研究中显示出对员工绩效的正面效应。然而，某些领导风格对员工绩效的影响并非呈线性关系。蒋丽芹和许艺炜（2020）的研究表明，授权型领导与任务绩效之间存在倒"U"形关系。当授权程度适中时，员工能够通过授权获得工作自主权，增强自我控制感，进而提升工作投入，对工作绩效产生积极影响。但是，一旦授权超出合理范围，过度的授权会导致工作复杂性增加，员工在面对任务绩效时可能因缺乏足够资源而无法充分投入，从而对任务完成产生负面影响，并可能引发员工的消极态度和行为。此外，也有学者探讨了消极型领导风格，如破坏性领导（高日光，2009）对任务绩效的影响。研究表明，破坏性领导会通过破坏员工的组织公平感导致任务绩效下降。

第三，工作特征。工作特征涵盖了与工作相关的所有因素，这些因素对员工的任务绩效产生着不同的影响。王梓鉴等（2021）研究了员工加班行为与任务绩效之间的双重效应。研究显示，员工对加班行为的认知存在差异，他们可能将其视为挑战或威胁，这种感知差异导致员工在面对加班时表现出不同的绩效水平。刘聪等（Liu et al.，2013）将工作复杂性、工作量及新工作环境等因素视为挑战性压力，认为这些因素能够激发员工的工作动机，进而提高员工的工作绩效。崔明明等（2018）探讨了员工自我超越价值观与自我提升价值观的相互作用对任务绩效的影响,并通过实证研究发现,当员工的自我超越价值观水平较低,而自我提升价值观较高时,员工进行挑战性的跨界行为能够有效地促进其任务绩效。德梅内泽斯和凯利赫(De Menezes and Kelliher,2017)研究了弹性工作安排与任务绩效之间的关系,研究结果表明,非正式的弹性工作安排能够提升员工的任务绩效,而正式的弹性工作安排则可能降低员工的任务绩效。崔明明等(2018)的研究还发现,跨界员工能够利用获取团队内外部资源的优势,提升个人的工作技能和获取新知识,从而有效地提高工作效率,改善任务绩效。根据相关文献,任务绩效的预测因素,如表2-16所示。

表 2-16　任务绩效的预测因素

层次	影响因素	具体因素	主要学者
个体层面	个人能力	大五人格	廖辉和张艾嘉(2004)
		情绪智力	张辉华(2014)
		文化智力	昂等(2007)
	人格特质	马基雅维利主义、自恋和精神变态特质	史密斯等(2016)
		魅力型领导行为	莱皮内等(2016)
		领导者—追随者的追随原型一致性	彭坚和王霄(2016)
	心理状态	工作满足感	威廉姆斯和安德森(1991)
		职场孤独感	奥兹切利克和巴尔萨德(2018)
		情绪	杨伟文和李超平(2021)
组织层面	人际关系	领导成员交换	金姆等(Kim et al.,2018)
		对主管的信任	古银华等(2017)
		职场友谊	肖金岑等(2020)
	组织文化	差错反感文化	杜鹏程和黄志强(2016)
		价值观	理查森等(2010)

续表

层次	影响因素	具体因素	主要学者
组织层面	管理因素	高绩效管理系统	张军伟等（2017）
		人力资源管理系统	詹恩（1983）
	领导风格和领导能力	变革型领导	布里瓦特等（Breevaart et al.，2016）
		授权型领导	蒋丽芹和许艺炜（2020）
		自我牺牲型领导	李晔等（2015）
		破坏型领导	高日光（2009）
		大五人格	廖辉和张艾嘉（2004）
其他	工作特征	跨界行为	崔明明等（2018）
		加班行为	王梓鉴等（2021）
		复杂性、工作量	刘聪等（2013）
		弹性工作安排	德梅内泽斯和凯利赫（2017）

4. 创新绩效

（1）创新绩效的定义及测量。

创新的定义最初由熊彼特在其著作《经济发展理论》中明确阐述，他指出创新涵盖新产品、新生产方法、新市场、新材料及其来源，以及新组织形式五种模式。随后，熊彼特进一步将创新定义为生产函数的重新构建或生产要素的重新组合，强调生产要素的改变将对生产函数产生影响，从而促进经济发展。

随着知识经济的深入发展，员工作为创新的主体，已成为组织生存和可持续发展的重要因素。创新绩效指的是组织中员工提出的具有新颖性、可实施性及价值性的创新成果，这些成果可能涉及产品、过程、方法或思想（Janssen，2004）。韦斯特和法尔（West and Farr，1989）提出，创新可以是个体、团队或组织在不同层面上提出的新想法、新流程和新产品，并有意识地在实践中应用，以提升个人、团队和组织的创新绩效，是一个多阶段的过程。

斯科特和布鲁斯(Scott and Bruce，1994)认为，创新是个人新观点或新方法的产生、实践和实现的过程，具有多个阶段，每个阶段都有其特定的特征和不同的活动内容。克莱森和斯泰特(Kleysen and Street，2001)也持类似观点，他们认为创新行为包括个体提出的、可在组织中任何层面实施的、对组织有积极影响的建议的全部活动。这些活动不仅涉及创新思想的产生，还包括创新思想的后续推广、实施与实现，只有这样，创新想法才能转化为实践。王飞绒和方艳军(2013)认为，创新行为应重视创新结果，如新产品。数量、新产品销售额。申成在等(Shin et al.，2017)认为，创新行为是一种复杂的行为。与多数学者提出的创新多阶段理论不同，申成在等主张创新行为应专注于创新过程，强调投入是保障创新绩效的关键因素。他们认为，创新绩效的评估应涵盖新想法的产生过程、实施过程及最终成果的获得。从上述分析可见，学者们从不同视角对创新行为进行了阐述，这些观点大致可以归纳为过程论、结果论和综合论三种(姚艳虹和衡元元，2013)。首先，过程论认为，创新绩效应包括创新行为的整个过程，从创新想法的提出、落实到实现(Scott and Bruce，1994；Shin et al.，2017)。其次，结果论认为，创新绩效的评估标准应以创新结果为依据，强调创新行为获得的专利数、新产品市场认可度及收益表现(王飞绒和方艳军，2013)。最后，综合论认为，创新绩效的考量应同时兼顾创新过程和创新成果(Kleysen and Street，2001)。

对于创新行为的测量量表，组织管理领域主要采用心理问卷进行测量，通常通过员工的上级填写问卷来对个体的创新行为进行测量。例如，斯科特和布鲁斯(1994)、奥尔德姆和卡明斯(Oldham and Cummings，1996)、克莱森和斯泰特(2001)、詹森(Janssen，2004)及周静和乔治(Zhou and George，2001)所开发的大部分量表在国内外的实证研究中表现出较好的信度和效度。在这些量表中，奥尔德姆和卡明斯(1996)开发设计的三个题项的测量量表是研究中较早被采用评价员工创新行为的量表。蒂尔尼等(Tierney et al.,1999)开发设计的量表从操作上区分创新能力和创造能力,将评估的重点放在与创意产生直接相关的指标上,如"在工作中敢于提出新想法""尝试用新想法解决问题"。在众多创新行为的研究成果中,斯科特和布鲁斯(1994)的研究成果被大量学者采纳,为后续的理论研究提供了依据,其开发的员工创新行为测量量表被众多学者广泛地采用。周静和乔治(2001)开发了包含十三个题项的测量工具,部分学者借鉴他们开发的量表工具开展创新行为的探讨,如法梅尔等(Farmer et al.,2003)采用量表中的四个题项进行创新绩效的测量。此外,我国学者韩翼等(2007)所开发的包括创新意愿、创新行动与创新结果的三维结构的创新绩效量表也在一些研究中被采用,并表现出较好的信度和效度(姚艳虹和衡元元,2013)。

(2)创新绩效的影响因素。

随着时代的飞速进步,任何企业若欲达成持续发展的目标,均不可忽视创新的重要性。员工的创新行为构成了企业创新的核心,对于增强企业的核心竞争力至关重要,因此,探究影响创新行为的因素显得尤为必要(Scott and Bruce,1994)。关于预测创新绩效的前因研究,主要聚焦于个人因素、团队因素及组织情境因素等方面。

第一,个人因素。个人特质和个人能力、自我效能感、心理特征等因素都会影响自身的创新绩效。

一是个人特质和个人能力。有研究关注人格特质如何对个人创新产生影响。拉贾和约翰斯(Raja and Johns,2010)的研究指出,大五人格理论中的五个维度及个体所承担的工作角色的广度,会对个人的创新行为产生影响。具体而言,当个体的工作角色较为宽泛时,神经质和外向性这两个维度会对个体的创新行为产生不利影响。相对地,当个体的工作角色较为明确时,经验开放性这一维度则会对个体的创新行为产生积极的促进作用。塞伯特等(Seibert,2001)针对大五人格理论中的主动性人格特质进行研究,发现具备该特质的个体倾向于展现出更多的创新行为。斯特恩伯格(Sternberg,1997)提出,个体的认知风格显著地影响着其创新行为。研究指出,个人存在三种不同的认知风格,即发明型、完善型和评价型。在这些认知风格中,具备发明型风格的个体相较于其他两种风格的个体,展现出更为积极的创新行为。阿马比尔(Amabile,1988)依据自我决定理论,创新行为具有其风险性,唯有当个体具备强烈的内在动机时,才会表现出积极承担这些风险的意愿。赵斌和赵艳梅(2019)从社会心理学的角度出发,探讨了员工印象管理动机对其创新行为的影响,获得型印象管理动机能够有效地推动员工的创新行为,而防御型印象管理动机则对个体的创新行为产生负面影响。因此,个人的动机与其创新行为之间存在显著的关联。同时,个人能力也会对创新行为产生显著影响(Amabile,1996)。于静静和蒋守芬(2018)认为员工的政治技能作为一种能力,能够使个体更有效地应对工作场所的需求,进而推动个体的创新行为。

二是自我效能感。自我效能感是指个体在实现预期目标过程中对自己能力的评估信念。具有高水平自我效能感的个体往往展现出卓越的认知能力、学习动机及自信(Bandu,1997),对于完成工作任务持有坚定的自我信念,对自身的创新能力和创新成果持有积极的认知(杜鹏程等,2015)。

三是心理特征。从个体心理角度审视员工创新行为的研究成果颇为丰硕,学者们主要从个体情绪(包括负面情绪等)方面进行探讨。在个人情绪与创新行为的研究领域,赵秀清(2020)提出个体情绪状态与员工创新行为之间存在一定的联系。何雨珊等(2020)的研究指出,职场孤独感作为一种负面情绪,对员工的创新行为具有抑制作用。乔治和周静(George and Zhou,2007)则探讨了积极与消极情绪对个体创造力的影响,研究结果显示,当上级对员工创新表现出支持和鼓励时,员工的消极情绪与积极情绪的交互作用对其创新绩效产生积极影响。

第二,团队因素。当前研究表明,团队结构(Hülsheger et al.,2009)、团队学习氛围(张征和闫春,2020)、团队反思(王智宁等,2019)等因素对员工的创新绩效具有显著影响。赫尔舍盖特等(Hülsheger et al.,2009)通过元分析指出,先前研究可能过分夸大了团队结构与创新行为之间的关系。张征和闫春(2020)的研究表明,在良好的团队学习氛围中,员工对团队目标有更深入的理解,并愿意在工作中承担更多的责任和面对更大的挑战,这有效地提升了员工的内在动机,进而促进了其创新绩效。团队反思则有助于改善团队成员间的沟通,鼓励成员间的交流,从而有利于发现团队中存在的问题,促进成员之间专业技能的互补,激发新的想法,进而有利于激发员工的创新行为(王智宁等,2019)。

第三,组织情境因素。学术界对探讨组织情境因素与员工创新行为之间关系的文献予以了广泛关注。研究结果已证实,组织情境因素对员工的创新行为具有显著影响,这包括组织氛围、组织文化及领导风格等方面。

一是组织氛围。在探讨组织氛围的学术文献中,愈来愈多的研究者开始关注创新氛围对创新绩效的正面效应。组织创新氛围被定义为员工所感知的与创新行为相关的组织特性(曹科岩和窦志铭,2015)。该氛围在促进员工创新行为方面发挥着关键作用。组织内部若存在高水平的创新氛围,能够为员工的创新活动提供必要的物质、资金和智力支持,从而有效提升资源利用效率,促进员工创新。同时,一个良好的组织创新氛围能够显著提高组织对员工在探索活动中所犯错误的包容度,而这种对错误行为的宽容态度能够显著增强员工在风险性创新行为中的意愿(Madjar et al.,2011)。此外,组织创新氛围有助于构建员工间良好的交流平台,促进智力资源的获取,激发员工的创造性思维,进而提升员工的创新绩效(李静芝和李永周,2022)。关于组织公平氛围与员工创新行为的研究,结论上存在分歧。姚艳虹和韩树强(2013)提出,组织公平所包含的各个维度均对创新行为产生积极影响。然而,王士红等(2013)则认为,员工感知到的公平氛围对创新行为的作用并不显著。原因在于,若员工认为组织是公平的,可能导致其在获得预期回报后感到心理满足,从而安于现状,缺乏创新动力。此外,研究表明,员工感知到的组织差序氛围水平的差异,会对员工的创新行为产生不同的影响,但由于不同研究在差序氛围感知的测量工具和中介机制上存在差异,导致研究结果不尽相同(Mischel and Shoda,1995;马伟和苏杭,2020;王玉峰等,2022)。

二是组织文化。作为一种组织文化,对错误的厌恶会对个体的创新绩效产生负面影响。杜鹏程等(2015)对组织中对错误的厌恶文化与员工创新行为之间的关系进行了研究,研究结果显示,在组织中存在强烈的错误厌恶文化时,会削弱员工的创新意愿。然而,当员工感知到的错误厌恶文化较弱时,可以促使员工对工作中遇到的挫折和失败持有更加宽容的态度,从而提升了员工的主动性(孔靓等,2020)。

三是领导风格。领导的组织风格、个人特质及与下属之间的关系,均会对员工的创新绩效产生影响。例如,授权型领导(Zhang and Bartol,2010)、变革型领导(曲如杰等,2012)和支持型领导(Amabile,1988)等。在探讨领导风格与创新绩效之间的关系时,多数学者倾向于关注积极领导行为对创新绩效的正面影响。曲如杰等(2012)指出,变革型领导能够显著提升员工的创新绩效,其原因在于变革型领导通过智力启发、目标激励、榜样示范及激发潜在需求等手段,促进了员工创新能力的提升。同时,也有研究关注破坏性领导风格对创新绩效的影响,沈伊默等(2019)的研究表明,上级的辱虐管理会破坏员工的心理契约,进而削弱其创新行为。那些与领导拥有高质量交换关系的员工,通常能够获得更多的领导授权,并在资源支持方面得到领导的较大帮助,这对员工的创新行为具有积极的促进作用(Amabile,1988)。

第四,其他因素。

一是宏观文化环境。魏丹霞等(2020)通过 Meta 分析揭示,在中国组织管理的背景下,灵活型文化、宗族型文化和市场型文化相较于西方情境,对员工创新展现出显著的正面效应;而在西方情境中,层级型文化对组织创新产生负面影响,但在中国情境下,两者之间的关系并不显著。

二是工作特征。当前研究表明,工作复杂性、目标设定、自主性、违规任务及工作奖励等因素均会对员工的创新绩效产生显著影响。邦斯与韦斯特(Bunce and West,1994)提出,高工作要求可能迫使员工改变既有的工作模式,寻找新的方法以应对超负荷的工作任务,从而激发更多的创新行为。然而,詹森(Jansen,2000)持有不同见解,他指出工作要求与创新行为之间存在一种倒"U"形关系,即当工作要求超出一定限度时,会对员工的创新行为产生负面影响。唯有适度的工作要求才能最大程度地激发员工的创新意愿和行为。同时,奥尔德姆与卡明斯(Aldemir and Cummings,1996)研究了工作复杂性与员工创新行为之间的关系,发现二者之间存在显著的正相关性。相较于简单工作,复杂工作赋予员工更高的自主性与决策空间,从而增强了员工的创新自我效能感。张少峰等(2021)则认为,不合规任务作为员工的压力源,会消耗员工用于创新的资源,进而抑制个体的创新行为。创新绩效的预测因素,详见表2-17。

表2-17 创新绩效的预测因素

层次	预测因素	具体内容	主要学者
个体层面	个体特质和个人能力	大五人格	拉贾和约翰斯(2010);塞伯特等(2001)
		认知风格	斯特恩伯格(1997)
		工作动机	阿马比尔(1988);阿马比尔(1996);赵斌和赵艳梅(2019)
		政治技能	于静静和蒋守芬(2018)

续表

层次	预测因素	具体内容	主要学者
个体层面	心理特征	自我效能感	杜鹏程等（2015）
		情绪	赵秀清（2020）；何雨珊等（2020）；乔治和周静（2007）；
团队层面	团队结构	团队结构	赫尔舍盖特等（Hiilsheger et al.，2009）
	团队氛围	团队学习氛围	张征和闫春（2020）
	团队反思	团队反思	王智宁等（2019）
组织层面	组织氛围	创新氛围	马贾尔等（Madjar et al.，2011）；李静芝和李永周（2022）
		公平氛围	姚艳虹和韩树强（2013）；王士红等（2013）
		差序氛围	米歇尔和肖达（Mischel and Shoda，1995）；马伟和苏杭（2020）；王玉峰等（2022）
	组织文化	差错反感文化	杜鹏程等（2015）
		差错管理文化	孔靓等（2020）
	领导风格	授权型领导	张晓梦和巴托尔（Zhang and Bartol，2010）
		变革型领导	曲如杰等（2012）
		辱虐管理	沈伊默等（2019）
其他因素	宏观环境	文化环境	魏丹霞等（2020）
	工作特征	工作要求	邦斯和韦斯特（1994）；詹森（2000）
		复杂性	奥尔德姆和卡明斯（1996）
		不合格任务	张少峰等（2021）

5. 员工绩效研究评述

第一，学术界对员工绩效内涵的理解经历了从最初仅关注个体完成工作任务程度的结果观，到强调绩效为一种行为的行为观，进而发展为综合绩效观的演变。近年来，在综合绩效观的基础上，人格特征和个人能力等因素也被纳入考量，使对工作绩效的理解更为全面和合理。

第二,在当前研究中,基于绩效行为观的研究成果颇为丰富,且多数研究聚焦于绩效的二维结构。鉴于任务绩效作为角色内绩效已得到学术界的普遍认可,同时作为一种备受瞩目的角色外行为,创新绩效在推动企业持续发展方面扮演着关键角色。因此,本书决定选取角色内绩效与角色外绩效,即任务绩效与创新绩效,作为员工绩效研究的焦点。

第三,在众多影响工作绩效的因素中,学者们最初探讨了个体因素与员工绩效之间的关系,并证实了个人的能力与动机对工作绩效具有显著影响。随后,一些研究将焦点转向个体所处的外部环境,包括团队层面和组织层面,揭示了团队因素和组织因素对员工工作绩效的不同影响。

2.4.2　团队绩效

1.　团队绩效的定义

团队作为组织业务运营和战略实施的核心单元,在增强组织效能与竞争力方面扮演着至关重要的角色(Kozlowski et al.,2003)。因此,探究团队产生积极影响的机制一直是学术界关注的焦点。团队绩效作为研究的关键变量之一,并非简单地将团队成员的个人绩效进行累加,而是在团队成员通过共享经验、分工合作(Boning et al.,2007)的过程中,实现团队绩效超越个体绩效总和的效应。

团队绩效也被称为团队有效性或团队效能。关于其定义,存在广义和狭义两种理解。狭义上的团队绩效特指团队成员完成既定任务的程度,侧重于所达成的成果(Devine et al.,2001)。而广义的团队绩效则涵盖更为宽泛的领域,包括团队的创新绩效(曲刚和王晓宇,2021)及成员的组织公民行为(Devine et al.,2001)等。

2.　团队绩效的测量

在当前的研究领域中,团队绩效的评估主要从客观绩效和主观绩效两个维度进行。客观绩效的评估依据是能够反映团队实际成果或任务完成情况的客观数据。客观绩效与主观绩效代表了两种不同的评价方法：前者通过客观记录资料获取产出数据，而后者则通过问卷调查对团队绩效进行主观评价。客观绩效的指标因研究目的和对象的不同而有所差异。例如，科研团队在一定时期内发表的论文总数（廖青云等，2021）、团队创业项目所获得的经济收益（季浩等，2019）及在线医疗团队的订单量（刘璇等，2021）均被用作衡量团队绩效的指标。主观绩效的评估主要通过问卷调查的方式进行。目前，文献中将团队绩效量表分为两类。一类是根据研究需求构建团队绩效，并结合其他学者开发的与所构建测量维度相匹配的量表，如格莱德斯坦（Gladstein，1984）提出团队绩效应由任务绩效和满意度两个方面构成，其中任务绩效包括工作达成程度和团队效率两个要素，这些量表分别由乔斯沃德（Tjosvold，1998）和霍格尔与盖姆恩登（Hoegl and Gemuenden，2001）开发。马跃如等（2019）认为团队绩效应包括任务绩效、满意度和发展能力三个维度，并使用相关量表进行评估。另一类是研究人员专门为团队绩效开发的量表，并被广泛采用，如冈萨雷斯-穆莱（Gonzalez-Mulé，2016）开发的四题项量表、乔斯沃德等（2003）开发的五题项量表及康格等（Conger et al.，2000）开发的五题项量表。本书采用了康格等（2000）开发的五项量表。

3. 团队绩效的影响因素

团队绩效受到个体行为因素、团队因素、组织层面因素等多方面的影响。

（1）个体行为因素。

研究显示，员工的行为能够通过团队层面的互动和整合，自下而上地对团队绩效产生影响。李·亚力宁等（Li et al.，2017）的研究表明，员工的建言行为对团队绩效具有正面影响。梅尔滕斯等（Mertens et al.，2016）则认为，在组织变革的背景下，团队成员的建设性越轨行为展现出显著的推动力，并在提升团队生产效率方面发挥着积极作用。

（2）团队因素。

团队因素包括团队的群体人口特征、成员异质性、团队信息共享、团队氛围、心理因素和工作环境五个方面。

第一，群体人口特征。研究表明，团队成员的工作年限、年龄和受教育程度（Ancona and Caldwell，1992）和知识多样性（刘璇等，2021）等因素，能够对团队绩效进行预测。进一步的研究表明，如果团队中的成员加入团队的时间相近时，可能导致他们对团队目标和任务的技术性理解趋于一致，进而影响团队内部的沟通频率（Zenger et al.，1989）和社会整合（O'reilly et al.，1989）。董梅和井润田（2020）对个人主动性人格在团队成员中的组合及其对团队绩效的影响进行了探讨，结果表明，团队主动性人格与团队绩效之间存在积极的关联。

第二，成员异质性。库斯库等（Curseu et al.，2007）提出，工作能力的差异性暗示了团队成员间的不平等现象，这可能导致团队内部出现不良竞争，从而对团队绩效产生负面影响。然而，也有研究者持有不同意见，他们认为工作能力的差异性能够激发团队成员的工作动力，进而有助于提升团队绩效（Franck and Nüesch，2010）。涂艳红等（2019）指出，研究结论的不一致性可能源于成员之间目标的相互依赖性。他们的研究发现，合作性目标正向调节了团队工作能力差异和团队绩效之间的负向关系，而展现出竞争性目标时，工作能力差异和团队绩效之间的消极影响被削弱。马格朱卡和鲍德温（Magjuka and Baldwin，2006）进一步指出，团队规模的扩大及团队成员工作职能的异质性，能够有效地促进团队成员之间的信息共享，从而推动团队绩效的提升。

第三，团队信息共享。马长龙与于森（2019）提出，团队成员之间的交互记忆能够增强团队的信息处理速度与品质，进而促进团队绩效的提升。崔波与杨百寅(2018)也指出,团队学习对于实现企业目标、增进绩效水平具有至关重要的作用。团队学习有助于团队迅速构建共享心智模型,推动成员间的知识共享与应用,从而提高团队的工作效率。

第四,团队氛围。李绍龙等(2017)的研究发现,团队互动中的公平氛围体现了成员之间的相互尊重程度,并对团队成员的合作意愿产生影响,是提升团队绩效的关键因素。此外,具备浓厚程序公平氛围的团队往往能够展现出更佳的团队绩效。陈佳雯及其团队(2020)也认为,良好的程序公平氛围对团队成员感受到上级给予的尊重、信任和支持,使员工获得受到领导认同、关注和支持的感知,增强了领导与员工的关系,从而促进团队绩效。段锦云等(2017)认为,团队建言氛围有利于提升团队绩效。潘静洲等(2021)研究发现,分配公平氛围对团队绩效有积极影响。

第五,心理因素。心理因素涵盖团队凝聚力、团队信任及团队心理安全感等多个方面。根据吕维娜等(Lvina et al.,2018)的研究成果,团队凝聚力能够显著提升团队绩效。周如意等(2018)提出,凝聚力较高的团队,其成员的价值感和目标一致性程度更高,且表现出更强的奉献精神。此外,团队成员间的人际关系和谐,有利于知识分享,从而提高决策质量和团队绩效。关于团队信任,黄昱方和吴菲(2019)的研究表明,团队信任能够减少成员之间的不确定性和脆弱性感知,降低团队资源消耗,有助于团队成员释放潜在能力,进而推动团队绩效的提升。邹艳春和印田彬(2017)指出,在团队心理安全感方面,心理安全感在解释个体如何将支持性感知转化为行为动机方面具有强大的解释力,能够有效促进成员之间的交流互动,进而提高团队绩效。

第六,工作环境。黄昱方与吴菲(2019)的研究成果表明,同事之间的监督对于提升团队绩效具有积极作用。一方面,同事能够为团队成员提供完成任务所需的资源;另一方面,对于任务完成程度较低的成员,同事会发出警告,使其感受到资源损失的威胁,从而降低团队资源的消耗。此外,工作环境中的冲突也会对团队绩效产生影响。德鲁与魏因加特(De Dreu and Weingart,2003)的研究指出,任务冲突与关系冲突均会对团队绩效与员工满意度产生显著的负面影响。然而,一些研究显示,在特定机制下,冲突可能对团队绩效产生积极影响(Tjosvold et al.,2003),因为任务冲突能够促进团队沟通和反思,进而提升团队绩效。

(3)组织层面因素。

领导风格和组织管理方式等因素会对团队绩效产生影响。

第一,领导风格。经过对现有文献的系统整理,我们发现授权型领导(Chen et al.,2011)、自我牺牲型领导(周如意等,2018)、工作狂型领导(佘卓霖等,2021)及包容型领导(马跃如等,2019)均会对团队绩效产生各自独特的影响。陈·吉拉德等(Chen et al.,2011)指出,授权型领导通过赋予团队成员工作自主权,能够激发成员对工作过程与结果的责任意识,明确责任归属,增强工作积极性和团队合作意愿,从而促进团队绩效的提升。周如意等(2018)的研究表明,自我牺牲型领导所展现的责任感和面对工作风险的勇气,以及牺牲小我以成就大我的精神,有助于激发团队成员对领导的积极反馈和追随,进而提高整个团队的绩效。佘卓霖等(2021)探讨了工作狂型领导与团队绩效之间的关系,发现工作狂型领导通过增加团队工作的参与度,可以促进团队绩效的提升,但同时这种领导风格也可能导致团队成员产生消极情绪,对团队绩效产生负面影响。

第二,组织管理方式。研究表明,领导和谐式管理与团队绩效之间存在积极的关联,当领导和谐式管理水平较高时,能够促进团队绩效的提升(陈佳雯等,2020)。韩柱勋等(Han et al.,2018)通过实证分析探讨了高绩效工作系统对团队绩效的影响。研究结果表明,高绩效工作系统通过塑造团队领导的变革型风格,对团队绩效产生积极的促进作用。西楠等(2020)通过

案例研究,探讨了柔性导向绩效管理实践对团队任务绩效的影响,得出结论
认为柔性导向绩效管理实践与团队任务绩效之间存在积极的关联。团队绩
效的预测因素,如表2-18所示。

表 2-18　团队绩效的预测因素

层次	预测因素	具体因素	主要学者
个体层面	个体行为	建言行为	李·亚力宁等(2017)
		建设性越轨创新行为	梅尔滕斯等(2016)
团队层面	群体人口特征	工作年限、年龄、受教育程度	安科纳和考德威尔(Ancona and Caldwell,1992)
		知识多样性	刘璇等(2021)
		团队成员的主动性人格	董梅和井润田(2020)
	成员异质性	工作能力差异	库斯库等(2007);弗兰克和奈斯奇(Franck and Nüesch,2010);涂艳红等(2019)
		异质性	马格朱卡和鲍德温(2006)
	信息共享机制	交互记忆	马长龙和于森(2019)
		团队学习	崔波和杨百寅(2018)
	团队氛围	互动公平氛围	李绍龙等(2017)
		程序公平氛围	陈佳雯等(2020)
		分配公平氛围	潘静洲等(2021)
	心理因素	团队凝聚力	吕维娜等(2018);周如意等(2018)
		团队信任	黄昱方和吴菲(2019)
		团队心理安全感	邹艳春和印田彬(2017);埃德蒙森(1999)
	工作环境	同事监督	黄昱方和吴菲(2019)
		团队冲突	德德鲁和魏因加特(2003)

续表

层次	预测因素	具体因素	主要学者
组织层面	领导风格	授权型领导	陈·吉拉德等(2011);乔斯沃德等(2003)
		自我牺牲型领导	周如意等(2018)
		工作狂型领导	佘卓霖等(2021)
		包容型领导	马跃如等(2019)
	组织管理方式	领导和谐管理	陈佳雯等(2020)
		高绩效工作系统	韩柱勋等(2018)
		柔性导向绩效管理	西楠等(2020)

4. 团队绩效研究评述

经过对团队绩效相关文献的梳理,笔者发现研究主要聚焦于两个维度:一是如何优化团队状态以提升绩效;二是团队通过何种机制实现高绩效。目前,大多数研究集中于积极领导风格与团队绩效之间的关系,却忽略了非伦理型领导风格对团队绩效可能产生的影响。鉴于团队凝聚力对团队绩效具有显著影响,并且团队领导作为关键的情境因素,能够有效预测团队绩效,因此自利型领导是否会对团队绩效产生影响,以及通过何种传导机制产生影响,团队权力距离是否能在自利型领导与员工之间起到调节作用,这些问题亟须进一步深入研究和验证。

第3章 自利型领导对团队绩效的影响机制：团队凝聚力、团队权力距离的调节作用视角

3.1 研究目的与目标

随着社会与经济的持续进步，组织的管理方式也在不断地进行调整。过去，组织倾向于强调个人的贡献，但现在，重点已经转移到了团队合作上。因此，许多组织开始重视团队建设，并希望通过团队合作来实现组织目标，增强组织的竞争力（Kozlowski et al.，2003）。同时，在组织中，领导的角色也从传统的通过激励下属来实现组织目标，转变为激励团队成员共同实现组织目标（Hackman，2002）。领导作为组织中的关键情境因素，对团队绩效有着显著的影响。目前的研究主要集中在积极领导行为对团队绩效的影响上。在理论和实践中，除了积极的、建设性的领导行为外，还存在消极的、非伦理的领导行为。然而，关于这些消极领导行为的研究还存在较大的空白，特别是自利型领导对团队绩效的影响尚不明确。同时，这些消极的领导行为在组织中普遍存在，并且相较于积极领导，消极领导对成员行为的影响更为深远（Jiang and Gu，2016），对团队的运作过程和团队绩效产生影响（Yukl，2006）。

自利型领导作为一种具有破坏性的领导行为，逐渐引起了学术界的关注。根据文献综述，目前的研究主要集中在个体层面。例如，自利型领导可能导致下属出现心理创伤和负面情绪（Camps et al.，2012），抑制员工的合作意愿（Decoster et al.，2014），降低员工对领导的满意度及对组织的公民行为，同时增加下属的离职倾向（Ritzenhöfer et al.，2019）和反生产行为（Mao et al.，

2019b），并可能引发员工的报复倾向及对领导的偏差行为（Schyns and Schilling，2013）。然而，关于自利型领导的研究尚未完全揭示其对团队层面的潜在影响。目前的研究主要集中在自利型领导对员工个体层面的影响，而对团队层面影响的研究尚有较大的探索空间。尽管自利型领导可能对团队绩效产生不利影响，但两者之间的作用机制可能相当复杂，需要进一步的探讨和验证。因此，深入研究自利型领导对团队绩效影响的作用机制，以及其对团队结果变量（团队绩效）的影响，是拓展和丰富自利型领导研究领域的重要课题。

为了更好地理解自利型领导与团队绩效的关系，本书引入团队凝聚力这一中介变量，拟从社会信息加工理论视角，阐释自利型领导对团队绩效潜在作用机制的影响。团队凝聚力是指团队在追求共同目标过程中所展现的内部一致性及其维持一致性的程度（Carron et al.，1985），它是预测团队绩效的关键因素之一。领导风格对团队凝聚力具有显著的预测作用。依据社会信息加工理论（Salancik and Pfeffer，1978），团队成员会通过观察团队领导的态度和行为来构建他们对团队环境的认知（Gu et al.，2016），并通过认知路径和情感路径影响员工的态度和行为（王雁飞等，2022）。从员工的认知视角来看，领导作为组织的代表，其将个人利益置于组织和员工之上的行为会被团队成员解读为组织行为，进而引发团队成员对组织不公平的认知。为了避免付出与预期回报之间的差距，团队成员可能隐藏真实想法，减少与同事的沟通交流，降低与团队成员的合作，从而削弱了团队凝聚力。自利型领导的行为给员工带来了负面的职场体验，激发了团队成员的消极情绪（周芳芳等，2021）。员工倾向于通过报复那些伤害他们的人来恢复公平感和预防未来的侵害行为（De Dreu and Nauta，2009）。由于领导与员工在权力、地位等方面存在不平等，直接针对领导的偏差行为存在风险，为了避免潜在风险，员工可能将不满情绪发泄在地位差异较小的目标上（如同事），通过言语攻击进行宣泄（Liu et al.，2022），这导致团队成员之间产生人际冲突，进而影响团队凝聚力的下降。

现有文献对自利型领导影响的边界条件缺乏深入研究。已有研究大多从员工个体特征角度来探讨影响关系的调节机制，而对团队情景因素可能发挥的权变影响研究不足。虽然不多的研究表明，团队情境因素对自利型领导的影响过程具有调节作用，如彭坚等（2019）的研究表明，团队任务相互依赖性调节了自利型领导通过员工的团队心理安全感和团队知识隐藏对团队创造力产生影响的过程。因此，对自利型领导发生作用的团队层面情境因素的边界条件还有待探索（杨晓等，2020）。当前，围绕团队绩效影响因素的关注重点集中于团队领导、团队过程等方面，较少将文化因素纳入其中，权力距离是体现个人和组织文化价值观的一个重要方面，在组织行为研究中得到了越来越多的关注，它在团队成员认知团队关系冲突并采取行为的过程中，发挥着重要作用（Kirkman et al.，2009）。本书认为，自利型领导对团队凝聚力的影响还受到权力距离等文化因素的影响。基于此，本书将检验团队权力距离对自利型领导和团队绩效产生的权变影响，是团队中全部成员对团队权力分配不平等所持态度在团队总体上的表现（Cole et al.，2013），是团队成员对团队权力分配不平等所持有的态度（Yang et al.，2007）。团队中所具有的权力距离水平的差异可以使团队成员对领导行为产生不同的认知和应对方式，决定了领导有效性的程度。因此，以团队权力距离的视角探究自利型领导对团队绩效的权变影响有一定的理论和实践意义。在本土的管理情境中，高水平的权力距离是团队的典型特征（包艳和廖建桥，2019），探究权力距离在中国组织中的作用十分必要。

因此，本书在构建自利型领导与团队绩效的理论模型过程中，运用社会信息加工理论，深入探讨了团队凝聚力作为自利型领导与团队绩效关系的关键中介变量，旨在揭开自利型领导与团队绩效之间的"黑箱"；同时，研究团队权力距离对自利型领导、团队凝聚力和团队绩效的作用，以明确其中的边界条件，为组织控制和预防自利型领导行为可能带来的负面影响提供了理论依据和实践指导。

3.2 理论基础与研究假设

3.2.1 自利型领导与团队绩效

依据社会信息加工理论，个体将收集其所在环境中的信息线索，并对其进行解读，从而形成对环境信息的理解，并据此调整自身的态度和行为。环境不仅提供了个人用以解释事件的信息，也提供了关于态度和行为应如何表现的线索（Salancik and Pfeffer, 1978）。在职场环境中，领导是个人获取信息的主要渠道（Jiang and Gu, 2016）。因此，在面对自利型领导时，团队成员可能对领导发出的行为信息进行解读，并据此调整自己的态度和行为以适应领导环境。当团队领导者展现出自利型领导风格时，会对团队绩效产生负面影响，主要原因如下。首先，当团队领导者的行动表现出自利倾向时，会破坏领导与下属之间的社会交往关系。一方面，团队成员会对领导的自利行为进行解读，并推断他们的工作成果可能面临被领导剥夺的风险（Mao et al., 2017），这使员工感受到自身努力与预期利益之间的落差，促使下属采取报复行为以恢复平衡（Carlsmith et al., 2002）；另一方面，自利型领导将个人利益置于组织和他人利益之上的行为，使员工容易产生应得利益被侵占的威胁感（Mao et al., 2017），导致员工产生消极的公平感知，减少对领导的信任（Decoster et al., 2021），信任作为人际沟通的重要前提，对人际沟通具有积极影响，因此自利型领导与团队成员之间的沟通质量会下降。其次，在自身利益可能被侵占的威胁环境中，团队成员不愿意与同事进行交流和分享（Peng et al., 2019），这将对成员之间的沟通与协作产生负面影响，最终导致团队绩效的下降。因此，本研究提出以下假设。

H1：自利型领导对团队绩效具有显著的负相关关系。

3.2.2　团队凝聚力的中介作用

团队凝聚力的程度与团队领导的风格紧密相关（吴一穹等，2016）。基于此，我们推断，自利型领导可能对团队凝聚力产生负面影响。其内在逻辑如下：依据社会信息加工理论，团队成员会通过观察团队领导的行为和态度来解读他们对团队环境的理解（Gu et al.，2016），进而通过认知和情感路径影响员工的态度和行为（王雁飞等，2022）。具体而言，自利型领导首先可能阻碍团队成员之间的有效沟通，从而对团队凝聚力产生消极影响。自利型领导可能占用组织资源，骗取成员的认同并推卸责任（Rus et al.，2010a），忽视团队成员的利益（Camps et al.，2012），传递给团队成员其利益受到威胁的信息（Mao et al.，2017）。团队成员通过解读这些信息，感受到被领导利用的风险，引发强烈的恐惧感，认为团队环境无法承担人际交往中的风险。

自利型领导可能通过以下途径对团队凝聚力产生负面影响：首先，自利型领导可能恶化领导与团队成员的交换关系。一方面，领导的自利行为可能给员工带来负面的职场体验，诱发团队成员的消极情绪（周芳芳等，2021），员工可能寻求报复以恢复公平感和避免未来的侵害行为（De Dreu and Nauta，2009）。由于领导与员工之间存在权力和地位的不平衡，直接针对领导的偏差行为存在风险，因此员工可能将不满情绪发泄到地位差异较小的目标上（如同事），通过言语攻击进行发泄（Liu et al.，2022），导致团队成员之间产生人际冲突，进而减弱团队凝聚力。另一方面，领导的决策行为与员工的切身利益密切相关。当员工对领导持有信任时，会支持领导的决策行为；反之，若对领导的决策权产生担忧，则可能诱发自身的心理压力（Rich，1997）。其次，自利型领导在工作中将个人利益置于首位（Decoster et al.,2021),导致信任危机,使成员对环境氛围的感知产生不确定性(Camps et al.,2012),成员将不再信赖团队,从而降低团队凝聚力。最后,自利型领导可能对组织公平氛围产生消极影响。一方面,领导的行为和价值观对组织伦理氛围有显著影响。自利型领导可能影响组织的道德氛围,使团队成员认为将个人利益置于首位是可以接受的,不会受到惩罚(Peng et al., 2019),引导员工遵循利己的认知和行为规范。另一方面,根据社会学习理论,作为组织中的重要角色,领导往往成为员工学习和模仿的对象。员工会学习和模仿领导在工作中表现出的行为,并在与同事的人际交往中展现出来(徐晓音和祝卓宏,2021)。因此,个体成员通过观察、学习和模仿自利型领导的行为,可能在工作中从事自利行为(Haynes et al.,2015),并在与同事的互动中表现出来(徐晓音和祝卓宏,2021)。心理学领域的学者也对凝聚力的前因变量进行了探讨,表明凝聚力是由于彼此吸引而形成的某种个人黏结,当人与人之间有正面的、积极的感知时,就会形成凝聚力(赵宜萱等,2014)。如果员工之间的互动遵循利己的行为规范,会导致员工之间产生消极的人际互动,从而对团队凝聚力产生负面影响。

团队凝聚力对团队绩效具有显著的正面影响。首先,当团队凝聚力水平较高时,团队成员倾向于使个人目标与组织目标保持高度一致性(曾圣钧,2010),为了实现共同目标,团队成员将更加努力,并投入更多的时间和精力于工作中,以提升团队绩效。其次,在凝聚力水平较高的团队中,团队成员之间关系和谐,共同分担工作任务,在工作中表现出更多的互助行为(Wech et al.,1998),团队成员之间存在更多的信任和更紧密的合作(Michalisin et al.,2004),这将有利于他们积极分享知识(Reagans et al.,2003),参与团队决策,从而对团队决策的效率和质量产生积极影响,提升团队绩效。最后,凝聚力能给团队成员带来积极的情绪(赵宜萱等,2014),促进团队成员之间的团结,提升团队工作热情(周如意等,2018),从而提高团队绩效。

因此,本研究提出以下假设。

H2:自利型领导通过团队凝聚力的中介作用对团队绩效产生负向影响。

3.2.3　团队权力距离的调节作用

团队权力距离能够调节自利型领导与团队凝聚力之间的相互作用。具体而言,在团队权力距离较高的情况下,成员能够接受领导所展现的权威及对团队稀缺资源的控制。同时,成员对领导的指示更加信任和遵从(Yang J et al.,2007),并且更加认同领导的行为(容琰等,2015),这促使员工关注领导自利行为的积极方面,认为领导是基于合理的分配规范进行资源的配置,从而接受领导的行为方式,减少对领导行为的消极感知。因此,团队成员在处理领导信息的过程中会结合其对团队权力距离的理解,表现为更加服从和认可领导的自利行为,对自利型领导有着更加积极的理解,缓解了员工因为付出和回报落差等导致的组织不公平感,员工之间依旧保持良好的人际互动,从而缓解自利型领导对团队凝聚力产生的消极影响。然而,在团队权力距离水平较低的情况下,员工将持有不同的态度,即权力应平等地在团队中进行分配,对领导不必无条件地服从(Lian et al.,2012)。当领导将自己的利益置于团队和个人利益之上时,团队成员对领导行为更为敏感,认为团队内部缺少公平,由此减少与其他员工的协助互动,甚至采取不利于组织的行为来进行对抗(袁凌和蒋镇武,2022)。因此,本研究提出以下假设。

H3:团队权力距离在自利型领导与团队凝聚力的关系中具有调节作用。具体而言,团队权力距离水平越高,自利型领导对团队凝聚力的影响越小;反之,团队权力距离水平越低,自利型领导对团队凝聚力的影响越大。

结合假设 H2 和假设 H3,低权力距离的团队对领导的行为更为敏感,且较少表现出服从。在自利型领导的影响下,团队成员认为每个人都有平等的权利(Yang et al.,2007)。面对自利型领导时,团队成员在一定程度上增加了领导与成员的人际冲突,导致成员在工作中降低与领导和同事的沟通协作,使团队无法有效互补,不能充分发挥团队的知识和技能的互补优势,对团队绩效产生消极影响(袁凌和蒋镇武,2022)。相对地,当团队权力距离水平较高时,团队成员更加认可领导的权威,更倾向于信任和服从领导,使团队员工倾向于关注领导自利行为的积极面,由此员工之间保持良好的人际互动,促进团队内部知识和技能的互补,有效地促进团队绩效。因此,本研究提出以下假设。

H4:团队权力距离能够调节自利型领导通过团队凝聚力对团队绩效产生的间接效应。具体而言,在团队权力距离水平较高时,团队凝聚力在自利型领导与团队绩效之间的中介作用会相对减弱;反之,在团队权力距离水平较低时,团队凝聚力的中介作用则会相对增强。

本章的理论框架,如图3-1所示。

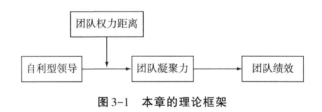

图3-1　本章的理论框架

3.3　研究方法

3.3.1　研究样本

本书采用问卷调查法收集数据,数据采集自贵州、重庆、山东、江西、浙江、广州等省(市)。为确保研究结论的普适性,样本选择遵循随机分布原则,未对样本的地区、行业、年龄等特征设限,以保障数据的随机性。为尽可能广泛地收集样本,本研究采用了便利抽样法与"滚雪球"抽样法相结合的非概率抽样方法。调研团队成员通过社会网络寻找愿意参与问卷调查的人员，包括朋友、同学及已毕业的学生等，并请他们担任联络人。联络人负责向受访者解释调查的目的、方法和要求，并委托他们邀请自己的领导和同事参与本次调研。联络人根据企业实际情况安排问卷的发放时间，并在问卷完成后统一回收。

调研主要通过两种方式进行。一是纸质问卷。将问卷呈送或邮寄到被调研的企业。问卷以套为单位，研究人员将问卷放在一个档案袋内，有问卷施测说明 1 份、时间点 1 团队员工问卷（简称 T1 问卷）5 份、时间点 2 团队员工问卷（简称 T2 问卷）5 份、时间点 3 团队领导问卷（简称 T3 问卷）1 份，三种不同时间点问卷分别在各自的信封封面著有 T1、T2 和 T3 的标识。为使 3 个时间点的问卷能够匹配，我们要求团队领导对员工进行编码，并将编码写在领导问卷和员工问卷的指定位置。二是网络形式。我们提前与联络人就填写要求进行沟通，将问卷放入电子文件夹中，除了与纸质版相同的电子版调查问卷，还放入了电子版的问卷施测说明 1 份，并对 T1 问卷、T2 问卷和 T3 问卷进行了分类。被访者填写完后，由联络人通过网络发送给研究人员。

为确保问卷填写的有效性并最大程度减少被访者的顾虑，我们在问卷发放前对联系人进行了简短培训，重点强调了问卷收集的匿名性和学术用途。同时，在问卷施测说明中向被访者保证了填写过程的保密性和匿名性。每个回收的问卷信封上均贴有双面胶，由被访者自行填写后封入信封。此外，联系人明确告知被访者，答案不存在正确或错误之别。为了提升问卷回收率，我们为每位参与者提供了十元人民币的酬劳。

为降低同源误差，本研究采取了多时点设计，分三个阶段收集调查数据。本研究要求员工填写其感知到的领导风格、权力距离取向并进行评价（T1 问卷），同时填写员工的个人背景信息。共向 108 个团队发放 T1 问卷

540份,获得102个团队的T1问卷466份;约两周后,由员工对组织凝聚力进行评价(T2问卷),发放T2问卷466份,获得96个团队的T2问卷418份;再过约两周,由团队领导对团队绩效进行评价(T3问卷),发放团队领导问卷96份,回收88份。问卷全部回收后,研究人员对规律性填写、核心研究变量的数据缺失严重和团队人数不足三人的问卷进行删除,最终获得员工有效问卷共计392份,有效回收率为72.59%,团队领导有效问卷共计86份,有效回收率为89.58%。样本的描述性统计分析,如表3-1所示。在392名员工中,女性占比为58.2%;绝大多数被试具有专科及本科学历,占比为78.8%;大部分被试的年龄集中于26~35岁,占比为68.4%;5年及以下工龄的员工,占比为56.4%,6~10年的工龄的员工,占比为30.6%,11~20年的工龄的员工,占比为8.7%,21年以上工龄的员工,占比为4.3%;与领导共事两年及以下的被试,占比为47.4%,共事3~5年的被试,占比为33.4%,共事6~10年的被试,占比为15.8%,共事11年及以上的被试,占比为3.3%;86名领导中,男性占比为69.8%,专科及本科学历,占比为73.3%,研究生学历及以上,占比为24.4%,年龄以36~45岁居多,占比为59.3%。86个团队中,人数在5~9人的团队占比最多,占全部团队的74.4%,其次是10~14人的团队,占全部团队的16.3%,小于等于4人的团队,占比为8.1%,15人及以上的团队占比最少,占比为1.2%。

表 3-1 样本基本信息

变量		分类	频次	占比/%	变量	分类	频次	占比/%
员工层面(N = 392)	性别	男	164	41.8	年龄	≤25	43	11.0
		女	228	58.2		26~35	268	68.4
	学历	初中及以下	2	0.5		36~45	62	15.8

续表

变量	分类	频次	占比/%	变量	分类	频次	占比/%
员工层面 （N = 392）	学历	高中（职高）	14	3.6	年龄	≥46	19	4.8
		专科及本科	309	78.8	与领导共事时间	≤2	186	47.4
		硕士研究生及以上	67	17.1		3~5	131	33.4
	工龄	≤5	221	56.4		6~10	62	15.8
		6~10	120	30.6		≥11	13	3.3
		11~20	34	8.7				
		≥21	17	4.3				
团队层面 （n = 86）	性别	男	60	69.8	年龄	≤25	0	0
		女	26	30.2		26~35	19	22.1
	学历	初中及以下	0	0		36~45	51	59.3
		高中（职高）	2	2.3		≥46	16	18.6
		专科及本科	63	73.3	团队规模	≤4	7	8.1
		硕士研究生及以上	21	24.4		5~9	64	74.4
	工龄	≤5	23	26.7		10~14	14	16.3
		6~10	28	32.6		≥15	1	1.2
		11~20	27	31.4				
		≥21	8	9.3				

员工层面样本数 N = 392，团队层面样本数 n = 86；控制变量赋值：性别，男="1"，女="0"；年龄，小于等于 25 岁="1"，26~35 岁="2"，36~45 岁="3"，大于等于 46 岁="4"；学历，初中及以下="1"，高中（职高）="2"，专科及本科="3"，硕士研究生及以上="4"；工龄，小于等于 5 年="1"，6~10 年="2"，11~20 年="3"，大于等于 21 年="4"；与领导共事时间，小于等于 2 年="1"，3~5 年="2"，6~10 年="3"，大于等于 11 年="4"；团队规模，小于等于 4 人="1"，5~9 人="2"，10~14 人="3"，15 人及以上="4"。

3.3.2　研究工具

为保证本次研究的有效性,问卷中所选用的所有变量均采用了中英文文献中经过验证的成熟量表。此外,为最大程度减少英文量表题项在翻译过程中可能出现的语义偏差,我们严格遵循了翻译—回译程序(Brislin,1970)。首先,我们邀请两位英语专业的教师将英文量表题项翻译成中文。其次,我们请多位组织行为学研究领域的教师和管理学博士生对翻译后的量表进行审阅,并核实其理解的一致性。同时,本研究还邀请学生对翻译后的量表进行检查,针对理解上的问题提出修改意见,并对部分内容进行适当调整,以确保问卷题项的可读性和理解上的准确性(详细的研究调查问卷见本书附录)。为便于被试填写,调查问卷中除控制变量外,所有题项的表述均采用李克特5级评价量表,1~5分别代表"非常不同意""有些不同意""不好确定""有些同意""非常同意"。

1. 自利型领导

本书运用了自利型领导量表,该量表由团队成员对团队领导的自利行为进行评估(Camps et al.,2012)。该量表包含四个项目,如"我的领导为了提高自己在公司的地位会伪造事实""我的领导使用公司资源为自己获利"等。在本研究中,自利型领导的Cronbach's α 系数为0.93。

2. 团队凝聚力

本书采用了团队凝聚力量表,该量表旨在通过团队成员对自身团队凝聚力的评估来进行测量(Bollen and Hoyle,1990)。该量表由6个题项组成,如"我乐意在现在的团队中工作""我所在的团队是我遇到过的最好的团队之一"等。在本研究中,团队凝聚力的Cronbach's α 系数为0.96。

3. 团队权力距离

本书采用了团队权力距离量表,该量表由团队成员对其权力距离倾向程度进行评估(Dorfman and Howell,1988)。该量表包含六个题项,如"我认为公司内的主要决策都应由领导决定,不需要征询员工的意见""我认为领导应当避免与员工有工作之外的交往"等。在本研究中,团队权力距离的Cronbach's α 系数为0.89。

4. 团队绩效

本书采纳了团队绩效量表,该量表由团队领导者对团队绩效进行评定(Conger et al.,2000)。该量表包含五个项目,如"本团队工作绩效高""本团队总能完成既定目标"等。在本研究中,团队绩效的 Cronbach's α 系数为0.93。

5. 控制变量

为避免某些变量对研究结果产生不利影响,本研究选取团队领导的性别、年龄及教育水平等作为控制变量。同时,对与团队情境相关的变量,如领导的任期和团队的规模,也进行了相应的控制。所有控制变量均经过虚拟化处理,具体如下,性别:1=男性,0=女性;年龄:1=小于等于25;2=26~35岁;3=36~45岁;4=大于等于46岁;教育水平:1=初中及以下;2=高中(职高);3=专科及本科;4=硕士研究生及以上;在本企业工作年限:1=小于等于5年;2=6~10年;3=11~20年;4=大于等于21年;团队规模等:1=小于等于4人;2=5~9人;3=10~14人;4=15人及以上。主要研究变量的测量信息,如表3-2所示。

表3-2 主要研究变量的测量信息

变量	题项数/个	测量层次	测量方式	测量时间
自利型领导	4	团队层次	员工评价	T1

续表

变量	题项数/个	测量层次	测量方式	测量时间
团队凝聚力	6	团队层次	员工评价	T2
团队权力距离	6	团队层次	员工评价	T2
团队绩效	5	团队层次	领导评价	T3

3.4 数据分析与假设检验

3.4.1 信度检验分析

本研究通过 Cronbach's α 对变量测量结果的一致性进行了分析,即信度检验。当 Cronbach's α 系数超过 0.70 时,表明量表具备了良好的信度。如表 3-3 所示,自利型领导、团队凝聚力、团队权力距离和团队绩效的 Cronbach's α 值分别为 0.93、0.96、0.89 和 0.93,均高于 0.70 的标准,这说明量表满足了内部一致性的要求。

表 3-3 变量信度分析

变量	题项	删除该题项后量表均值	删除该题项后量表方差	CITC	删除该题项后量表 Crobanch's α	Crobanch's α
自利型领导	自利型领导1	5.77	10.74	0.81	0.92	0.93
	自利型领导2	5.69	10.25	0.89	0.90	
	自利型领导3	5.70	10.71	0.84	0.91	
	自利型领导4	5.85	11.20	0.84	0.92	
团队凝聚力	团队凝聚力1	19.65	24.44	0.87	0.95	0.96
	团队凝聚力2	19.91	23.74	0.86	0.95	
	团队凝聚力3	19.66	24.20	0.90	0.94	
	团队凝聚力4	19.47	0.44	0.86	0.95	

续表

变量	题项	删除该题项后量表均值	删除该题项后量表方差	CITC	删除该题项后量表Crobanch's α	Crobanch's α
团队凝聚力	团队凝聚力5	19.39	25.71	0.85	0.95	0.96
	团队凝聚力6	19.61	24.52	0.85	0.95	
团队权力距离	团队权力距离1	10.50	21.20	0.75	0.86	0.89
	团队权力距离2	10.01	22.19	0.55	0.90	
	团队权力距离3	10.39	21.10	0.77	0.86	
	团队权力距离4	10.18	21.05	0.70	0.87	
	团队权力距离5	10.54	21.54	0.75	0.86	
	团队权力距离6	10.39	21.07	0.75	0.86	
团队绩效	团队绩效1	15.31	10.41	0.83	0.91	0.93
	团队绩效2	15.18	10.51	0.77	0.92	
	团队绩效3	15.29	10.33	0.85	0.90	
	团队绩效4	15.22	10.50	0.82	0.91	
	团队绩效5	15.03	10.36	0.77	0.92	

3.4.2　聚合效度和区分效度分析

本研究运用 Mplus 7.4 软件，借助验证性因子分析（confirmatory factor analysis，CFA），对自利型领导、团队凝聚力、团队权力距离及团队绩效这四个变量的区分效度进行了评估。验证性因子分析结果，详见表3-4。

表 3-4　验证性因子分析结果

模型	因子	χ^2	df	CFI	TLI	RMSEA	SRMR$_{within}$	SRMR$_{between}$
1	四因子基准模型	337.03	106	0.92	0.90	0.08	0.05	0.05

模型	因子	χ^2	df	CFI	TLI	RMSEA	$SRMR_{within}$	$SRMR_{between}$
2	三因子模型1 ($X + W$)	823.77	108	0.74	0.68	0.13	0.14	0.05
3	三因子模型2 ($X + M$)	817.04	108	0.74	0.69	0.13	0.14	0.05
4	三因子模型3 ($W + M$)	1030.58	108	0.66	0.59	0.15	0.18	0.05
5	二因子模型 ($X + W + M$, Y)	1466.34	109	0.50	0.41	0.18	0.22	0.05

注："X"为自利型领导、"M"为团队凝聚力、"Y"为团队绩效、"W"为团队权力距离水平。

其中,基于四因子基准模型,我们对四个备择模型进行了检验:①三因子模型1(将自利型领导与团队权力距离合并为单一因子);②三因子模型2(将团队权力距离与团队凝聚力合并为单一因子);③三因子模型3(将自利型领导与团队凝聚力合并为单一因子);④二因子模型(将自利型领导、团队权力距离和团队凝聚力合并为单一因子)。随后,我们对四因子基准模型与其他备择模型的拟合优度进行了对比分析,结果如表3-4所示。四因子基准模型的拟合效果较为理想(χ^2=337.03,df=106,CFI=0.92,TLI=0.90,RMSEA=0.08,$SRMR_{within}$ = 0.05,$SRMR_{between}$ = 0.05),并且优其他备择测量模型。此外,备择模型拟合效果均不理想,这表明数据与基准模型的匹配较好,研究变量具有良好的区分效度。

通过CFA得到各变量的标准化因子载荷、组合信度和平均方差萃取(average variance extracting,AVE),结果如表3-5所示。

表3-5 标准化因子载荷、组合信度及平均方差萃取量

变量	题项	标准化因子载荷	组合信度	平均方差萃取量
自利型领导	自利型领导1	0.71	0.86	0.61
	自利型领导2	0.87		
	自利型领导3	0.79		
	自利型领导4	0.76		
团队凝聚力	团队凝聚力1	0.84	0.94	0.72
	团队凝聚力2	0.82		
	团队凝聚力3	0.92		
	团队凝聚力4	0.86		
	团队凝聚力5	0.85		
	团队凝聚力6	0.81		
团队权力距离	团队权力距离1	0.78	0.87	0.54
	团队权力距离2	0.56		
	团队权力距离3	0.79		
	团队权力距离4	0.71		
	团队权力距离5	0.76		
	团队权力距离6	0.77		
团队绩效	团队绩效1	0.91	0.93	0.71
	团队绩效2	0.76		
	团队绩效3	0.93		
	团队绩效4	0.82		
	团队绩效5	0.79		

聚合效度是指在同一结构维度下,不同测项之间相关性的程度(Clark-Carter,1997)。通常,数据聚合效度的判定依据三个主要标准:首先,平均方差萃取量若大于0.5,则表明聚合效度良好(Bailey and Ball,2006);其次,标准化因子载荷若超过0.5,则说明聚合效度较好(Bailey and Ball,2006);最后,组合信度若超过0.7,则认为已达到聚合度的要求(Bagozzi et al.,1995)。

由表3-5可知,自利型领导、团队凝聚力、团队权力距离和团队绩效的平均方差萃取量分别为0.61、0.72、0.54和0.71,均高于0.50;同时,自利型领导(0.71~0.87)、团队凝聚力(0.81~0.92)、团队权力距离(0.56~0.79)和团队绩效(0.76~0.93)的各题项标准化因子载荷均超过0.50;最终,自利型领导、团队凝聚力、团队权力距离和团队绩效的组合信度分别为0.86、0.94、0.87和0.93,均高于0.7。据此,可以断定测量量表具有良好的聚合效度。

3.4.3　数据汇聚性分析

在本研究中,鉴于理论模型除团队绩效外的其他变量量表是由团队成员进行评价的,但本研究是从团队层面出发来考量这些变量,因此有必要检验个体评价的变量数据是否符合聚合至团队层面的条件。本研究运用了团队组内一致性系数(Rwg)及组内差异值ICC(1)和组间差异值ICC(2)对团队层面的变量进行了聚合检验(James,1982),以评估数据的可汇聚性。

1. 组内一致性系数Rwg

组内一致性系数Rwg主要用于检验员工对群体现象的回应是否表现出一致性,它是评估数据聚合有效性的一个常用指标。当Rwg大于0.70时,可以推断出组内具有足够的统一性(James et al.,1984),从而使个体层面的数据得以向更高级别聚合。

2. 组内相关系数ICC(1)

ICC(1)主要用于评估不同团队之间的一致性水平。只有当团队之间存在显著差异时,个体层面的数据才具有统计意义,可以聚合至团队层面。通常情况下,若ICC(1)大于0.12,则表明团队之间存在显著的组间方差(James,1982)。

3. 组内相关系数ICC(2)

ICC(2)代表群体平均数的信度。当ICC(2)大于0.70时,表明组内平均数信度充足(Bliese,2000)。在变量聚合具有充分的理论基础,并且Rwg超过临界值及ICC(1)显著的情况下,即便ICC(2)低于临界值,也可认为该变量适宜进行聚合(Chen et al.,2002)。

本研究首先采用单因素方差分析(One-Way ANOVA)来检验不同团队样本平均值之间是否存在显著差异。接着,依据詹姆斯等(James et al.,1984)所提出的方法,对数据的可汇聚性进行了详尽的计算与评估。

检验结果显示,自利型领导、团队凝聚力和团队权力距离的Rwg均值分别为0.81、0.84和0.74,均超过了0.70的阈值,且三者的组内差异值和组间差异值均显著;自利型领导的ICC(1)和ICC(2)分别为0.56和0.85,团队凝聚力的ICC(1)和ICC(2)分别为0.38和0.74,团队权力距离的ICC(1)和ICC(2)分别为0.22和0.56。基于此,将自利型领导、团队凝聚力和团队权力距离的数据从个体层面向团队层面聚合是恰当的。团队层面变量数据聚合分析结果,详见表3-6。

表3-6　团队层面变量数据聚合分析结果

变量	Rwg均值	One-Way ANOVA	ICC(1)	ICC(2)
自利型领导	0.81	6.83***	0.56	0.85
团队凝聚力	0.84	3.84***	0.38	0.74
团队权力距离	0.74	2.26***	0.22	0.56

***$p < 0.001$。

3.4.4　共同方法偏差

尽管本书采取了跨越多个时间点和不同来源的问卷调查方法,但其数据性质仍属于横截面数据,因此仍可能受到共同方法偏差(common method variance,CMV)的影响。CMV是一种系统误差,它在采用问卷调查形式的研究中普遍存在,可能对研究结果的可信度造成干扰。因此,本书主要采取了两种方法来降低 CMV 对研究结果的负面影响。首先,通过两个不同的来源收集问卷数据。本书采用了团队主管—员工配对的问卷方式,分别向同一团队中的主管和员工发放问卷,从而在一定程度上减少了仅依赖员工收集数据可能带来的 CMV 影响。其次,设计了在不同时间点收集问卷。本书在三个时间点进行了问卷发放。具体而言,自利型领导和团队权力距离的数据在 T1 时间点采集,团队凝聚力的数据在 T2 时间点采集,团队绩效的数据在 T3 时间点采集,这有助于减轻 CMV 的负面影响(Podsakoff et al.,2012)。

在本书中,自利型领导、团队权力距离和团队凝聚力三个变量由员工进行评价。尽管本书事先考虑了同源方差效应,但仍然可能存在影响结果的潜在因素。因此,我们参考了周浩和龙立荣(2004)的研究,通过 Harman 单因子法检验,将自利型领导、团队权力距离和团队凝聚力三个测量量表的所有题项一起进行因子分析。根据探索性因子分析(exploratory factor analysis,EFA)的结果,所有题项共解析出三个特征根大于 1 的因子,累计方差贡献率为 76.36%;且第一主成分解释的变异为 33.12%,未超过 40.00% 的标准,表明 CMV 对本研究结果的影响已被控制在合理范围内。

3.4.5 描述性统计及相关分析

本书各变量的均值、标准差和相关系数,如表 3-7 所示。自利型领导与团队凝聚力($r = -0.35$,$p < 0.01$)、自利型领导与团队绩效($r = -0.39$,$p < 0.01$)均存在显著的负相关关系,团队凝聚力与团队绩效具有显著的正相关关系($r = 0.51$,$p < 0.01$)。例如,表 3-7 所示的各研究变量之间的相关关系,使本书的假设获得了初步的验证。

表3-7　描述性统计及相关分析

变量	均值	标准差	1	2	3	4	5	6	7	8
性别	0.70	0.46								
年龄	2.97	0.64	0							
学历	3.22	0.47	0.09	−0.25*						
工龄	2.23	0.95	−0.03	0.59**	−0.33**					
团队规模	2.10	0.53	0.08	0.08	0.19	−0.07				
自利型领导（T1）	1.92	0.88	−0.06	−0.20	−0.04	−0.05	−0.06			
团队凝聚力（T2）	3.93	0.70	0.01	0.03	−0.09	−0.18	−0.07	−0.35**		
团队权力距离（T1）	2.09	0.58	−0.03	0.15	−0.20	0.08	−0.14	−0.01	0.04	
团队绩效（T3）	3.88	0.80	−0.01	0.14	−0.07	0	0.07	−0.39**	0.51**	0.04

注：T1=时间点1，T2=时间点2，T3=时间点3。

*$p < 0.05$，**$p < 0.01$。

3.4.6　假设检验

本研究运用SPSS 23.0统计软件对研究模型进行了层次回归分析。首先，将团队绩效设定为因变量，其次，将控制变量及自利型领导纳入回归分析中。具体的假设检验结果，如表3-8所示。观察模型M7可知，在控制了相关变量后，自利型领导对团队绩效产生了显著的负向影响（$\beta = -0.35$，$p < 0.001$），从而验证了假设H1。

表 3-8 假设检验结果

变量		团队凝聚力				团队绩效			
		模型 M1	模型 M2	模型 M3	模型 M4	模型 M5	模型 M6	模型 M7	模型 M8
截距		4.71***	5.65***	5.67***	5.36***	0.85	3.69***	4.87***	2.01
控制变量	性别	0.04	0.01	0.01	0.01	−0.04	−0.02	−0.04	−0.05
	年龄	0.23	0.13	0.13	0.10	0.11	0.25	0.12	0.06
	学历	−0.21	−0.25	−0.25	−0.22	−0.02	−0.14	−0.19	−0.07
	工龄	−0.26	−0.24*	−0.24*	−0.18*	0.04	−0.12	−0.10	0.03
	团队规模	−0.11	−0.12	−0.12	−0.03	0.16	0.01	−0.09	0.15
自变量	自利型领导		−0.28***	−0.28***	−0.27***			−0.35***	−0.21*
中介变量	团队凝聚力					0.60***			0.51***
调节变量	团队权力距离			−0.06	−0.01				
交互项	自利型领导×团队权力距离				0.47***				
R^2		0.09	0.21	0.21	0.31	0.29	0.04	0.18	0.33
ΔR^2		0.09	0.12	0	0.11	0.25	0.04	0.13	0.15
F		1.58	3.45	2.92	4.39	5.31	0.64	2.84	5.49

注：T1=时间点 1，T2=时间点 2，T3=时间点 3。

$*p < 0.05$，$**p < 0.01$，$***p < 0.001$。

依据巴伦与肯尼（Baron and Kenny，1986）提出的中介效应检验三步骤方法，本研究旨在探究团队凝聚力是否在自利型领导对团队绩效的影响中发挥间接作用。首先，模型 M6 以团队绩效为因变量，并纳入控制变量；随后，在模型 M6 的基础上引入自变量自利型领导（模型 M7），回归分析结果显示自利型领导与团队绩效之间存在显著的负相关关系（$\beta = -0.35, p < 0.001$）。其次，在控制了相关变量后，自利型领导与团队凝聚力之间呈现显著的负相关（模型 M2：$\beta = -0.28, p < 0.001$）。再次，在控制了相关变量后，团队凝聚力对团队绩效具有显著的正向影响（模型 M5：$\beta = 0.60, p < 0.001$）。最后，在模型 M8 中，同时将自变量自利型领导和中介变量团队凝聚力纳入回归方程，以分析其对团队绩效的影响，从而检验团队凝聚力的中介作用。结果显示，自利型领导对团队绩效的影响有所减弱，但二者之间的关系依然显著（$\beta = -0.21, p < 0.05$）；同时，团队凝聚力对团队绩效的正向影响也显著（$\beta = 0.51, p < 0.001$），表明团队凝聚力在自利型领导与团队绩效之间起到了部分中介作用。为了进一步验证团队凝聚力的中介作用，本研究采用了普里彻和海斯（Preacher and Hayes，2008）推荐的基于 5000 次 Bootstrap 抽样的中介效应检验方法。检验结果再次证实了团队凝聚力在自利型领导与团队绩效之间所起的中介效应（间接效应为 -0.14，95% 置信区间为 $[-0.35, -0.01]$，该置信区间不包含零）。因此，假设 H2 得到了支持。

假设 H3 提出，团队权力距离在自利型领导对团队凝聚力的影响过程中发挥负向调节作用。在构建交互作用模型时，为避免模型变量之间的共线性问题，本研究对自利型领导和团队权力距离进行了中心化处理。研究首先将团队凝聚力作为因变量；其次，纳入控制变量、自利型领导及团队权力距离；最后，将中心化处理后的自利型领导与团队权力距离的交互项进行相乘。回归分析结果，如表 3-8 所示，团队权力距离与自利型领导的交互项与团队凝聚力呈正相关关系（模型 M4，$\beta = 0.47, p < 0.001$），这表明团队权力距

离水平越高,自利型领导对团队凝聚力的负向影响越弱,因此假设H3得到支持。

依据艾肯与韦斯特(Aiken and West,1991)所提出的建议,我们获取了两个团队权力距离在不同差异水平下的数值,即在均值的基础上增加或减少一个标准差。增加一个标准差得到的数值代表"高水平团队权力距离",而减少一个标准差的数值则代表"低水平团队权力距离"。据此绘制的调节效应图,如图3-2所示。通过图3-2的简单斜率分析,我们发现,当团队权力距离处于较低水平时,自利型领导对团队凝聚力的负面影响更为显著;反之,当团队权力距离水平较高时,自利型领导对团队凝聚力的负面影响则相对减弱。

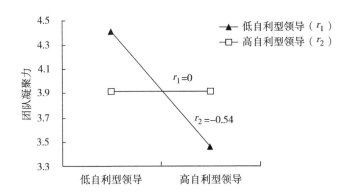

图3-2　团队权力距离对自利型领导与团队凝聚力的调节作用

通过图3-2的简单斜率分析,可以说明,当团队权力距离水平较高时,自利型领导对团队凝聚力的负向影响较弱(简单斜率r_1为0,n.s.);当团队权力距离水平较低时,自利型领导和团队凝聚力两者之间的消极影响增强(简单斜率r_2为-0.54,$p < 0.01$)。同时,自利型领导和团队凝聚力的组间差异为0.54,且具有显著性($p < 0.05$)。这与本书的研究假设一致,因此假设H3得

到数据支持。

　　对于团队凝聚力的中介作用及团队权力距离的调节作用，我们参考爱德华兹和兰伯特（Edwards and Lambert，2007）的建议，对有调节的中介模型进行整体验证，结果如表3-9所示，团队权力距离负向调节自利型领导通过团队凝聚力对团队绩效的影响。具体而言，当团队权力距离水平较低时，团队凝聚力在自利型领导对团队绩效的影响中发挥显著的中介效应（间接效应为-0.30，95%置信区间为[-0.66，-0.03]）；但是，当团队权力距离水平较高时，此中介效应不显著（间接效应为0，95%置信区间为[-0.12，0.14]）。其组间差异为0.30，达到了显著性水平（$p < 0.05$）。因此，假设H4基本得到数据支持。

表3-9　有调节的中介模型检验分析

分组统计	X—M—Y			间接效应95%的置信区间
	阶段		效应	
	第一阶段（P_{mx}）	第二阶段（P_{ym}）	间接效应（$P_{mx}P_{ym}$）	
低 W	-0.54（0.19）	0.56（0.18）	-0.30（0.16）	[-0.66，-0.03]
高 W	0（0.12）	0.56（0.18）	0（0.06）	[-0.12，0.14]
组间差异值	0.54（0.24）	0.56（0.18）	0.30（0.17）	[0.02，0.70]

　　注："X"为自利型领导、"M"为团队凝聚力、"Y"为团队绩效、"W"为团队权力距离水平。

3.5　本章研究讨论及总结

　　本章探究了自利型领导与团队绩效的关系、作用机制及其边界条件，研究结论如下：自利型领导与团队绩效存在显著的负向关系；团队凝聚力在自利型领导与团队绩效之间起到部分中介作用；验证了团队权力距离具有调节作用,一方面,调节了自利型领导和团队凝聚力之间的负向关系。另一方面,调节了自利型领导通过团队凝聚力对团队绩效的间接影响。具体而言,当团队权力距离水平较低时,自利型领导通过团队凝聚力对团队绩效的消极影响更大;但是,当团队权力距离水平较高时,团队凝聚力在自利型领导与团队绩效之间的中介效应未达到显著水平。本章研究假设结果,如表3-10所示。

表3-10 自利型领导对团队绩效的影响

研究假设	检验结果
H1:自利型领导对团队绩效具有显著的负相关关系	支持
H2:自利型领导通过团队凝聚力的中介作用对团队绩效产生负向影响	支持
H3:团队权力距离在自利型领导与团队凝聚力的关系中具有调整作用。团队权力距离水平越高,自利型领导对团队凝聚力的影响越小;反之,团队权力距离水平越低,自利型领导对团队凝聚力的影响越大	支持
H4:团队权力距离可以调节自利型领导通过团队凝聚力对团队绩效的间接影响。团队权力距离水平越高,团队凝聚力在自利型领导与团队绩效间的中介作用越弱;反之,当团队权力距离水平越低,团队凝聚力在自利型领导与团队绩效间的中介作用越强	支持

第4章　自利型领导对员工绩效的影响机制：责任知觉、组织认同和传统性的调节作用视角

4.1　研究目的与目标

在组织环境中,领导者被视为关键的情境要素,是预测员工工作表现的重要前置变量。当前研究广泛探讨了领导行为与员工绩效之间的关系,但主要集中在谦卑型领导、变革型领导、授权型领导等积极的领导行为上。然而,理论与实践均表明,除了积极的领导行为,也存在消极的领导行为,并且其对员工行为的影响往往更为显著(Jiang and Gu,2016)。

近年来,随着媒体对消极领导行为报道的增加,人们开始意识到组织中某些领导者并不总是以集体利益为先(Rafferty and Restubog,2011),他们常常利用组织资源以追求个人利益(Camps et al.,2012),这使自利型领导逐渐成为学术界关注的焦点。作为领导学研究的一个新兴领域,对自利型领导的研究尚有许多不足,特别是关于自利型领导与员工绩效关系的研究相对较少,因此有必要进行更为深入的探讨(杨晓等,2020)。

自利型领导对员工绩效的影响及其作用机制尚未得到明确解答。因此,本研究旨在探讨自利型领导与员工绩效之间的直接效应,并进一步分析二者之间的中介机制。研究表明,责任知觉与组织认同是领导力情境要素与工作绩效之间的重要中介传导机制(Eisenberger et al.,2001)。为了深入揭示自利型领导与员工绩效之间的关系,本研究构建了包含这两条中介路径的理论模型,旨在丰富对自利型领导影响员工绩效的研究成果,并回应学者关于在领导力研究中考虑多个中介效应的建议(Hughes et al.,2018)。

　　同时,本研究结合社会交换理论和社会认同理论,共同探讨自利型领导与员工绩效之间的相互作用机制。尽管这两种理论属于不同的范畴,但它们之间存在相互依赖的心理机制(De Roeck et al.,2018),能够解释组织情境如何影响员工与组织之间的关系,进而引发员工行为上的差异。责任知觉最初是从社会交换的角度来阐述员工与领导之间的社会交换过程(Fuller et al.,2006),它代表了员工主动形成的、为领导实现利益最大化的信念(Eisenberger et al.,2001)。当企业为员工提供良好的工作条件,赋予员工充分的工作自主性与尊重时,基于交换原则,员工会以信任和忠诚等积极因素回应,以维护双方之间的积极关系,并激发员工回馈组织的意识,关注组织利益,并主动进行有益于组织的角色外行为(Liang et al.,2012)。因此,本研究将责任知觉作为中介变量,以探究其在自利型领导与员工绩效之间的作用机制。

　　组织认同是社会认同理论中的核心概念,是个体对所在组织身份一致性感知(Van Knippenberg et al.,2004)。根据社会认同理论,个体通过在群体中所受的待遇来形成自我概念和自我定义(Tajfel and Turner,1986)。当组织满足员工的安全感、自我实现和归属感需求时,员工会将自己视为组织的一部分,从而增强对组织的认同感和情感依恋(Blader et al.,2017),促使员工进行有利于组织的行为(Dick et al.,2006)。相反,当员工不将自己视为组织的一部分时,其组织认同感较低,导致对组织利益的漠不关心,容易产生不利于组织利益的行为。领导的自利行为会使下属感到被剥削和承担风险(Liu et al.,2017),以及产生不确定性(Camps et al.,2012)。由于领导被视为组织的代表,其态度和行为在一定程度上也被员工视为组织对员工的态度和行为。因此,在面对领导的自利行为时,员工会减少对组织的情感承诺(Mao et al.,2019a)和组织认同(Liu et al.,2017),从而引发消极的态度和行为。本研究将通过社会认同理论,研究员工组织认同在自利型领导与员工绩效关系中所起到的中介作用。

随着研究的深入，众多研究揭示了员工在领导过程中所扮演的重要角色，因此未来研究应进一步深化对这一领域的探讨。鲍迈斯特等（2004）指出，在进行任何研究时，都不应忽视文化差异的影响，因为不同的文化环境可能导致员工在面对不公正对待时产生不同的反应。因此，在研究自利型领导的影响过程中，本研究将考虑我国文化背景下的个体差异性因素，以更准确地阐释本土文化情境下自利型领导影响作用的内在逻辑。本研究探讨了在中国特定情境下，传统性如何影响自利型领导与组织知觉及组织认同之间的关系。传统性作为反映中国人性格与价值观的典型概念（Farh et al.，1997），体现了个人对传统价值观的坚持程度（Schwartz，1992），并影响着个人的态度和行为（Hui et al.，2004；Farh et al.，2007），在管理实践中具有显著的重要性。因此，研究传统性的调节作用对于增进我们对特定情境中领导对员工认知影响的理解具有积极意义。尽管我们假设自利型领导会对员工的责任知觉和组织认同产生负面影响，但这种影响的程度可能因个人的文化价值观差异而异。然而，目前尚缺乏专门探讨传统性对自利型领导与员工责任知觉、组织认同及员工绩效之间关系的影响及其作用机制的研究。本研究提出，传统性在预测员工对自利型领导的反应方面发挥着调节作用。

基于上述分析，本研究拟整合社会交换理论和社会认同理论，探究自利型领导影响员工绩效（包括任务绩效和创新绩效）的中介作用机制和调节作用机制。根据社会交换理论，本研究旨在探讨员工责任知觉在自利型领导与员工绩效之间所扮演的中介角色；同时，依据社会认同理论，本研究也将分析员工组织认同在自利型领导与员工绩效之间所发挥的中介作用。此外，"人—境互动"效应指出，情境因素与个人因素相互作用，影响个体的态度或行为（Tett and Burnett，2003）。基于此，本研究构建了一个个体传统性在自利型领导通过责任知觉和组织认同影响员工绩效的被调节的中介模型,以期深入阐释自利型领导对员工绩效的综合作用机制。

4.2 理论基础与研究假设

4.2.1 自利型领导与员工绩效

自利型领导是指那些将个人利益置于下属及组织利益之上的领导者(Camps et al., 2012)。此类领导行为对组织及其下属可能产生诸多负面影响,且这些影响往往具有长期性(Haynes et al., 2015)。

本书预期,在领导表现出自利型领导风格的情况下,会对员工绩效产生消极影响,主要原因如下。

首先,自利型领导将引发员工的消极情绪。依据资源保存理论,个体将努力维护并获取能够实现自我目标的资源。对于资源充裕的个体,他们更易实现资源的保值和增值,而不易受到资源减少的不利影响;反之,资源匮乏的个体对实际或潜在的损失更为敏感(Hobfoll, 1989)。自利型领导作为员工可获取资源的竞争者,将个人利益置于组织和他人利益之上,影响下属员工对可用资源的感知(Mao et al., 2019a),使下属感到自身利益受到领导剥夺的威胁,从而引发下属员工的压力反应(Hobfoll, 1989),进而影响员工的心理状态(Brotheridge et al., 2002)。当员工感知工作结果低于预期收益时,他们倾向于采取消极的资源应对策略,表现出消极情绪(Ye et al., 2021),作为生存受到威胁时的自救信号(Cheng and McCarthy, 2018)。对于任务绩效而言,消极情绪的产生会导致员工损失大量心理资源,员工为恢复心理资源,在工作中采取退缩行为应对(Chi et al., 2013),减少对组织的情感依附,在完成工作任务的过程中产生去动机心理(王鉴忠等,2020),对工作绩效产生负面影响。此外,研究显示,消极情绪会促使员工产生反生产行为(Rodell et al., 2009),从而对员工的任务绩效产生不利影响。对于创新绩效而言,一方面,创新需要改变常规和现状,这会触动部分人的利益,要求员工敢于冒险,懂得如何与他人沟通与合作,需要员工投入大量资源(Agarwal,2016)。根据资源保存理论,负面情绪将导致员工认知资源的损耗(Ferris et al.,2008),使员工无法投入认知资源进行创新,从而对创新绩效产生不利影响。另一方面,根据注意力控制理论,当存在与威胁相关的刺激时,负面情绪会明显降低个体的注意力控制,倾向于将注意力资源集中到威胁的来源上(Eysenck et al.,2007)。因此,当员工的利益遭遇领导的威胁,而产生较强的负面情绪时,员工会将更多注意力投向如何降低源自领导对个人利益的潜在侵犯,因而减少对工作中创新的关注,导致创新绩效的降低。与心理冷静的员工相比,拥有负面情绪的员工思考效率较低,从而阻碍员工的创新绩效(Eysenck et al.,2007)。

其次,自利型领导风格会损害其与员工之间的社会交换关系。当领导将个人利益置于组织和他人利益之上时,员工容易产生自身权益被侵犯的威胁感(Mao et al.,2017),这导致员工对公平性的消极感知,破坏了上下级之间的社会交换关系,不利于提升员工的工作绩效。一方面,员工的任务绩效被视为上下级之间社会交换的一种方式,以及双方履行角色义务的手段(Wang et al.,2005)。优质的领导成员交换关系能够带来更多的鼓励、尊敬、信任和情感性支持,从而促使员工展现出较高的任务绩效(倪艳和熊胜绪,2012)。相反,在低质量的领导成员交换关系中,领导者更多地依赖于正式权力和正式薪酬制度来确保员工完成岗位规定的工作(Graen and Uhl-Bien,1995)。因此,员工获得的授权、信任和情感支持较少(Zhou et al.,2012),这增加了员工的离职意愿(肖贵蓉和赵衍俊,2017),降低了员工的工作投入(孙利平等,2021),从而对任务绩效产生负面影响。另一方面,对于员工的创新绩效而言,面对利己主义领导,员工会减少对领导的信任(Decoster et al.,2021),在与领导的交换关系中感知到风险,从而降低与领导交流的意愿。作为领导者,当感知到员工信任下降时,可能将员工归类为"圈外人",减少在物质和精神上对员工的支持(Graen and Uhl-Bien,1995),这不利于员工进行创新活动。同时,根据互惠理论,当领导者表现出对下属的关心和尊重时,下属会通过积极的行为回报领导和组织,通过在工作中实施新方法、提出新想法来提升工作绩效(Wang et al.,2005);反之,员工的工作绩效将会下降。

最后,自利型领导对培养积极的员工价值观和营造良好的组织氛围具有负面影响。依据社会学习理论,鉴于领导在组织内的特殊地位,员工往往会将领导视为自己的楷模,并对其行为模式进行观察和模仿,以确保自身行为与组织规范相契合(陈楠和李方君,2017),并在与同事的互动中体现出来(徐晓音和祝卓宏,2021)。在职场中,员工在与上级的互动过程中,会注意到领导的利己行为,从而形成消极的行为示范,促使个体学习到利己行为(Haynes et al.,2015)。同时,利己主义型领导营造了一种组织氛围,其中成员可以将个人利益置于首位,引导员工遵循利己的认知和行为准则。对于任务绩效而言,在这种以自我为中心的价值观和氛围中,个人利益成为员工行为的主要驱动力,这将促使员工产生不利于工作绩效的行为,进而减少员工的工作投入(孙利平等,2021),对任务绩效产生负面影响。对于创新绩效而言,由于共享知识可能导致分享者的利益受损(Peng et al.,2019),因此,在这种以自我为中心的价值观和氛围的引导下,员工通常会选择隐藏知识以避免个人损失,这增加了员工获取知识的成本,不利于员工获取新知识,从而降低了员工的创新绩效。综上所述,本研究提出以下假设。

H1a:自利型领导对员工的任务绩效具有显著的负向影响。

H1b:自利型领导对员工的创新绩效具有显著的负向影响。

4.2.2　责任知觉的中介作用

根据社会交换理论，在领导者与团队成员的互动过程中，如果领导者积极维护员工的切身利益，将有助于提升员工对领导善意的积极回应，从而增强双方高质量交换关系的维系。同时，此举也会增进员工对领导的信任（Brown et al.，2006），促使员工产生与领导建立稳定、相互信赖的社会交换关系的愿望，并对领导形成正面评价和积极感知，激发员工回报组织的意愿（郭萌，2020）。相反，如果一方未能适时履行其义务和责任，甚至遭受他人伤害，个体将倾向于采取同等程度的报复行为，即俗称的"以牙还牙"，导致双方关系质量下降。我们假设，自利型领导会削弱员工的责任感，从而对员工的绩效产生不利影响。原因如下。

首先，自利型领导会破坏与员工的社会交换关系。自利型领导将个人利益置于下属及组织利益之上，这种行为使员工的工作成果面临被剥夺的风险（Mao et al.，2017），激发员工采取措施以恢复其努力与预期收益之间的平衡（Carlsmith et al.，2002），并降低在与领导的社会交换中投入的情感（Mao et al.，2019a），减少情感承诺，导致员工对领导采取报复和偏离行为（Decoster et al.，2021），破坏了上下级之间的社会交换关系（Mao et al.，2019a）。在这种情况下，下属难以产生对领导的感激之情。同时，作为组织代表的领导，其行为也被员工视为组织的态度（Chen and Aryee，2007）。因此，面对领导的利己行为，员工也会减少对组织的情感承诺（Mao et al.，2019a）和组织认同（Liu et al.，2022），导致员工对组织的责任感减弱。

其次，自利型领导会对员工的组织认同产生消极影响。自利型领导行为有违员工对领导角色的期望（Epitropaki et al.，2017），减少了员工对个人投入与回报的控制感（Camps et al.，2012），并削弱了员工的组织自尊。这最终对员工的组织认同产生不利影响，而组织认同的降低将导致员工出现一系列消极的态度和行为。有研究表明,当员工的组织认同感较低时,员工的离职意愿会增加(Dutton et al.,1994),即便尚未离职,他们也倾向于忽视组织的利益,抑制为组织目标而努力的积极性(吴隆增等,2010),从而降低员工对组织的责任知觉。

责任知觉能够有效地激发员工产生诸多有利于组织的积极行为(Fuller et al.,2006),本研究认为责任知觉会对任务绩效和创新绩效产生影响。在任务绩效方面,拥有高责任知觉的员工将表现出主动性,愿意在完成工作任务的过程中投入更多的努力,展现出良好的工作表现(颜爱民等,2020)。他们不仅积极地履行职责内的工作,而且会主动改进工作方法,提升工作效率,并积极维护组织的形象(梁建,2014);同时,高责任知觉也会促使员工主动实施有益于组织、同事的角色外行为(田启涛,2017;Liang et al.,2012),从而获得高出预期的工作成果;此外,责任知觉较强的员工有着为组织作出贡献的积极意愿,为自己的工作设定较高的目标,将实现组织目标放在首位(Barrick et al.,1993),更可能提高任务绩效。对于创新绩效而言,责任知觉可以显著地提升员工的责任意识,增强其为组织发展建言献策的积极性(梁建,2014),如对组织发展具有积极影响的创造性建议行为(Eisenberger et al.,2001);有研究表明,建言行为可以有效地促进员工的创新思维(吴颖宣等,2018),有利于员工实现更高的创新绩效。

综上所述,本研究认为,在自利型领导的影响下,员工与领导之间的社会交换关系将受到破坏,同时员工对组织的归属感也会降低。这种状况削弱了员工对组织的回馈责任感。由于员工责任感的缺失,其主动为组织利益采取行动的意愿也会相应减弱,进而可能导致任务绩效和创新绩效的降低。基于此,本研究提出以下假设。

H2a:责任意识在自利型领导与员工的任务绩效之间的关系中发挥着中介作用。

H2b：责任意识在自利型领导与员工的创新绩效之间的关系中发挥着中介作用。

4.2.3 组织认同的中介作用

社会认同理论（Turner et al，1987）指出，当组织能够满足员工的安全需求、自我实现需求及归属感需求时，个体便会将自己视为组织的一部分，进而增强对组织的认同和支持（Dick et al，2006）。作为组织环境的关键要素，领导在很大程度上代表了组织的价值观和规范；同时，作为组织的领导者，他们拥有对员工进行奖惩、晋升及任务分配等重要决策的权力，因此领导的行为方式与员工在组织中的自我认知有着密切的联系（Van Knippenberg et al，2004），并对员工的身份认同产生深远的影响。自利型领导是指那些将个人利益置于下属和组织利益之上的领导者（Camps et al，2012），这种行为通常被视为不道德的领导方式（Peng et al，2019），基于此，我们推测自利型领导可能削弱员工对组织的认同。

第一，领导者的职责在于影响员工的自我认知，以增进其在工作中的投入（Van Knippenberg et al，2004），这构成了身份认同的关键部分（Tajfel and Turner，1986）。一个高效的领导者应当能够引导下属从自我中心的导向转变为以群体为中心的导向，然而，领导者的自利行为会妨碍这一转变过程（Epitropaki et al，2017），同时自利型领导也会削弱员工对领导者的信任（Decoster et al，2021）。作为组织的代表，主管的行为反映了组织对员工的态度（Chen and Aryee，2007），因此，自利型领导可能导致员工对组织的信任度下降，从而在一定程度上破坏了员工对组织认同感的建立（Bao et al.，2016）。

第二，自利型领导可能对下属的控制感构成威胁。人们通常倾向于维持对周遭环境的掌控，以降低不确定性（Friedland et al.，1992）。当下属遭遇自利型领导领导时，他们往往感受到更高程度的不确定性，并且对个人成就的控制力减弱(Camps et al.，2012)，这可能导致组织认同感的降低。

第三，在组织中，员工与领导者之间的互动是人际交往的关键环节(Tekleab et al.，2003)。然而，自利型领导的行为可能破坏员工所期待的安全、尊重和公平的工作环境。领导者自私自利的行为让下属感觉到自己的利益，即尊重和公平受到了侵害，这导致员工感到被组织排斥，从而损害了他们对组织的归属感(Liu et al.，2022)。

第四，自利型领导行为会对下属的组织自尊产生负面影响。组织自尊是指个体对于履行组织角色及满足自我价值需求的程度，体现了员工对于自己在组织中重要性和价值的认知(Pierce et al.，1989)。负面的领导行为会对员工的组织自尊产生显著的负面影响。当员工感受到领导对其利益的侵害时，他们可能感到自己的努力和付出未得到公正的评价，从而否定了他们在组织中的工作成就，使他们感到羞辱，认为组织没有尊重他们的贡献，甚至开始怀疑工作的意义(Martinko et al.，2013)，由此削弱员工感知到的组织支持和信任，对员工的组织认同产生不利影响。

组织认同作为员工态度与行为的关键预测因素(Tajfel and Turner，1986)。研究显示，员工的组织认同感愈强烈，其作为组织成员的意识愈显著(Ashforth and Mael，1989)，并且倾向于将组织利益置于个人利益之上，表现出更高的工作自发性和自愿性，从而增强个体为组织利益奋斗的意愿(Van Knippenberg，2000)。本研究提出，组织认同将对任务绩效和创新绩效产生影响。

在任务绩效方面，首先，具有较高组织认同感的员工倾向于将个人发展与组织目标紧密联系起来，从而激发内在的积极性，增加对工作的投入，并愿意主动贡献更多的精力和情感，以助力组织实现其目标和价值。相较于组织认同感较低的员工，他们往往表现出更为卓越的工作表现(Dutton et al.，1994)。其次，高度的组织认同感与员工的自我概念保持一致，因此这些员工通常会对所认同的工作和组织持有积极的评价,并倾向于从正面角度看待工作环境。他们不仅表现出强烈的完成组织目标的意愿,而且能够清晰地识别实现这些目标所需的具体条件(Chen et al.,2013)。同时,那些具有高度组织认同感的员工往往展现出积极的工作和情感投入,愿意为实现组织绩效贡献自己的力量(Ashforth and Meal,1989)。相比之下,组织认同感较低的员工可能选择离开组织,即使他们继续留在组织内,也往往对组织的发展持漠视态度,对组织贡献的积极性不高(吴隆增等,2010)。研究已经证实,员工对组织的认同感与离职意愿之间存在显著的负相关关系,但与工作绩效之间则存在积极的影响(Dutton et al.,1994)。

在创新绩效方面,首先,组织认同感的增强能够显著提升员工提出建议的积极性。那些对组织具有高度认同感的员工,往往会产生自我与组织融合的感知,进而将组织利益与个人利益视为一体,激发更多有益于组织的建议行为,进而产生更多创新思维(Lipponen et al.,2008)。其次,组织认同感的提升有助于员工将组织价值观内化为自我意识,影响其行为,促使员工采取有利于实现组织目标的创新行为(王庆金等,2020)。最后,高度认同组织的员工会加强与同事之间的交流与合作(Dukerich et al.,2002),这有利于组织内的知识转移(Kane,2010),从而促进员工创新行为的产生(Scott et al.,1994)。

综上所述,本研究得出结论,当员工遭遇自利型领导时,会违背员工对领导的期望,增加员工的不确定感,损害员工的组织自尊,对员工的组织认同产生负面影响,从而导致任务绩效和创新绩效的降低。因此,本研究提出以下假设。

H2c:组织认同在自利型领导与员工的任务绩效的关系中发挥着中介作用。

H2d：组织认同在自利型领导与员工的创新绩效的关系中发挥着中介作用。

4.2.4　传统性的调节作用

中国传统文化强调和谐与尊重权威等价值观念（杨国枢等，1991）。本研究将传统性定义为反映个人价值观差异的心理特征，而非对社会文化价值的宏观描述。我们推测，传统性在自利型领导与员工组织知觉及组织认同之间起到调节作用。个体层面的文化差异会导致员工对领导行为的不同反应，我们认为传统性对自利型领导带来的负向影响具有调节作用。我们假设传统性会影响下属对领导自利行为的敏感程度，从而影响个体的责任知觉和组织认同。主要原因如下：首先，高传统性的个体往往将照顾领导的需求和感受视为一种社会义务（Hui et al.，2004），更遵守传统社会规范所认同的上下级角色与义务（Farh et al.，1997），每个角色都承担了履行角色所赋予的期望和责任（Xie et al.，2008）。对于传统性较高的员工，其扮演的社会角色中所包含的期望、责任及义务对他们态度和行为有显著影响，而较少受到领导行为风格的影响（Farh et al.，2007）。同时，领导在施加影响的过程中可以较少受到自身角色规范的约束，但员工仍应遵从和信任领导（Wu et al.，2009）。因此，传统性较高的员工较少因领导行为风格的不同而影响其工作态度和行为。其次，相对于低传统性的个体，高传统性员工更加遵从权威（Farh et al.，1997），更加重视与领导的关系（Hui et al.，2004）。并保持对权威人物的忠诚（Hui et al.，2007），不论上级是否表现出自利行为，他们都会将领导的行为理解为领导的合理角色范围，并恪守下级角色中的"位卑"原则（彭正龙和赵红丹，2011），积极履行自身的义务。最后，因我国传统文化中有安分守己及宿命自保的观念，引导个体采取宽容的方式以缓解遭遇的痛苦（Aquino et al.，2006），使员工对同事或领导具有较强的容忍性（He et al.，2020）。当员工遇到不公时，员工选择不责备造成不公的根源，特别是不公源于组织中的权威人物，因为对权威人物表达不满，违背了等级社会的传统价值观（Liu et al.，2010）。因此，当员工的传统性较高时，利益受到领导侵占威胁时仍会遵从领导的权威，对领导的自利行为进行宽恕，从而缓解自利型领导与员工社会交换关系的消极影响，依然看重自己在组织中的身份地位，安分守成（Farh et al.，2007）。反之，相对于传统性较高的员工，传统性较低的员工对公平规范的敏感性较高，在社会交换中更喜欢公平规范（Chen et al.，2008）。遵循"诱因—平衡"的原则，即"领导怎么对我，我也怎么对待领导"（Liu et al.，2010）。由于自利型领导将个人利益置于组织和他人利益之上，使员工极易出现应得利益被侵占的威胁感（Mao et al.，2017），导致员工消极的公平感知，降低团队成员的组织认同（Liu et al.，2017），减少团队成员对领导的信任（Decoster et al.，2021），破坏领导与团队成员的社会交换关系（Chang et al.，2009），不符合低传统性员工对领导者角色定位，且低传统性员工不太可能受到社会义务的约束，不能容忍领导的自利行为。因此，当传统性较低的员工认为他们的上司是自利者时，势必削弱员工的组织公平感知，引发员工在社会交换中的消极体验，员工会通过消极反应来消减不平衡状态（Carlsmith et al.，2002），从而对员工的责任知觉和组织认同产生更强的负面影响。因此，本研究提出以下假设。

H3a：个体的传统性在自利型领导与责任知觉的关系中起着调节作用。员工的传统性越强，自利型领导对员工的责任知觉的负向影响越小；反之越强。

H3b：个体的传统性在自利型领导与组织认同的关系中起着调节作用。员工的传统性越强，自利型领导对员工的组织认同的负向影响越小；反之越强。

本书在假设 H2a、H2b、H2c 及 H2d 中分别阐述了责任知觉与组织认同在自利型领导与员工绩效之间的中介效应。同时，H3a 与 H3b 提出，由于员工的传统性水平的差异，他们对自利型领导风格的敏感性存在不同，这导致自利型领导对员工责任知觉与组织认同的影响出现差异。综合本书所提出的中介与调节假设，本文提出如下假设：自利型领导通过责任知觉与组织认同对员工绩效产生的间接影响，会因员工的传统性水平的不同而有所差异。

领导作为组织中关键的信息传递者，其对员工工作表现的影响差异主要源于员工对领导行为信息的不同理解或处理方式（张军成和凌文铨，2016）。传统性作为个体价值观的一部分，会影响员工对领导行为的敏感度和理解程度，进而导致员工行为和认知上的差异，形成"人—境互动"效应。我们预测，传统性的差异水平可能影响员工对自利型领导的认知，从而导致员工在行为和态度上的差异。我们认为，即便面对领导的不公正对待，传统性较高的员工往往倾向于表现出尊敬、信任和服从领导的态度（Wu et al.，2009），更加重视权威（Farh et al.，1997），更加注重与领导的关系（Hui et al.，2004），并保持对权威人物的忠诚（Hui et al.，2007），履行自身所承担的社会角色的期望和责任（Xie et al.，2008），从而缓解自利型领导与员工社会交换关系的负面影响，减缓了自利型领导对责任知觉的破坏，进而对自利型领导与员工工作表现之间的关系产生影响。而传统性较低的员工在社会交换中更倾向于追求公平规范（Chen et al.，2008），遵循"诱因—平衡"的原则。由于自利型领导将个人利益置于组织和他人利益之上，这导致员工产生消极的公平感知，减少对领导的信任（Decoster et al.，2021），降低对组织的认同感（Liu et al.，2022），破坏领导与团队成员之间的社会交换关系（Chang et al.，2009），从而加剧了自利型领导对员工责任知觉的负向影响，进而增加了自利型领导对员工绩效破坏作用。

同理，当自利型领导影响员工的自我认同和对自身利益受损的感知时，那些传统性水平较低的员工对自利型领导所传达的公平规范信息更为敏感。鉴于领导通常被视为组织的代表，对于传统性较弱的员工而言，自利型领导对员工的组织认同产生的负面影响更为显著，进而对员工的工作绩效产生较多的负面影响。相对地，对于传统性水平较高的员工，他们更倾向于遵循权威（Farh et al.，1997），重视与领导的关系（Hui et al.，2004），并且倾向于尊敬、信任并服从领导（Wu et al.，2009），这在一定程度上减轻了自利型领导对员工组织认同的破坏性影响，不利于提升员工的工作绩效。因此，本研究提出了最终的假设。

H4a：员工的传统性调节了责任知觉在自利型领导与员工的任务绩效之间的中介作用，员工的传统性越高，责任知觉对自利型领导与任务绩效的中介作用越弱；反之越强。

H4b：员工的传统性调节了责任知觉在自利型领导与员工的创新绩效之间的中介作用，员工的传统性越高，责任知觉对自利型领导与创新绩效的中介作用越弱；反之越强。

H4c：员工的传统性调节了组织认同在自利型领导与员工的任务绩效之间的中介作用。员工的传统性越高，组织认同对自利型领导与任务绩效的中介作用越弱；反之越强。

H4d：员工的传统性调节了组织认同在自利型领导与员工的创新绩效之间的中介作用。员工的传统性越高，组织认同对自利型领导与创新绩效的中介作用越弱；反之越强。

本章的研究框架，如图4-1所示。

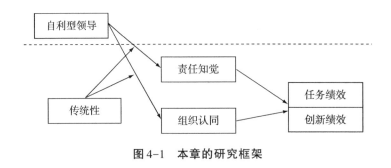

图 4-1　本章的研究框架

4.3　研究方法

4.3.1　研究样本

本研究的问卷调查对象及流程与 3.3.1 节所述保持一致。为了保证问卷的匹配性,首先,由联系人对团队和员工进行编码,以便将团队领导的问卷与团队员工的问卷进行对接,确保问卷的配对成功(如团队 01,成员 1 为 011,团队成员 2 为 012……)。其次,由员工填写其感知到的领导风格、员工传统性(T1 问卷),同时填写员工的个人背景信息。TI 时间点共向 108 个团队发放 T1 问卷 540 份,获得 102 个团队员工问卷 466 份;约两周后,由员工对组织认同和责任知觉进行评价(T2 问卷),发放 T2 问卷 466 份,获得 96 个团队的 T2 问卷 418 份;再过约两周,由团队领导对员工绩效进行评价(T3 问卷),同时填写团队信息,向 96 位团队领导发放评价员工绩效问卷 418 份,88 位团队返回对 405 名员工的评价问卷。问卷全部回收后,研究人员对规律性填写、核心研究变量的数据缺失严重和团队人数不足三人的问卷进行删除,最终获得员工有效问卷共计 392 份,有效回收率为 72.59%,团队领导有效问卷共计 86 份,有效回收率为 89.58%。样本的描述性统计结果见表 3-1。

4.3.2　研究工具

为便于被试填写，调查问卷中除控制变量外，所有题项的表述均采用李克特 5 级评价量表，1~5 分别代表"非常不同意""有些不同意""不好确定""有些同意""非常同意"。

1．自利型领导

本书运用了自利型领导量表，该量表由团队成员对团队领导的自利行为进行评估（Camps et al.，2012）。该量表包含四个项目，如"我的领导为了提升自己在公司的地位会伪造事实""我的领导使用公司资源为自己获利"等。在本研究中，自利型领导的 Cronbach's α 系数为 0.93。

2．传统性

本研究采用了传统性量表，该量表要求员工对其自身传统性程度进行自我评估（Farh et al.，2007）。该量表包含五个题项，如"我认为当人们有争议时，应该请最年长的人来决定谁是对的""我认为领导就应该像一家之主一样，员工应该服从他在公司所有问题上的决定"等。本研究的传统性Cronbach's α 系数为 0.87。

3．责任知觉

本书采用了田晓明和李锐（2015）基于中国特定情境对艾森伯格等人（2001）开发的责任知觉七项量表进行修订后的五个题项变量，用以评估员工对组织发展的责任感水平，包括"如果我没有达到团队的绩效标准，我会感到愧疚"等内容。本研究的责任知觉 Cronbach's α 系数为 0.95。

4．组织认同

本研究采用了组织认同量表，以让员工根据自身的实际感受，表达对公司的看法（Mael and Ashforth，1992）。该量表包含六个题目，如"当有人称赞我的团队时，感觉像是对我的赞美"。本研究的组织认同 Cronbach's α 系数为 0.95。

5. 任务绩效

本书采用了任务绩效量表,团队领导依据实际情况对 3~5 名员工的任务绩效进行评估(Williams and Anderson,1991)。该量表包含 4 个题项。如"该员工充分完成他/她的任务""该员工符合所在职位的绩效要求"。本研究的任务绩效 Cronbach's α 系数为 0.95。

6. 创新绩效

本研究采用了创新绩效量表,团队领导根据实际情况评价 3~5 名员工的创新绩效(Scott and Bruce,1994)。该量表包含 6 个题项,如"该员工经常提出有创意的点子和想法"和"该员工经常与别人沟通并推 销自己的新想法"。本研究的创新绩效 Cronbach's α 系数为 0.94。

7. 控制变量

为避免若干变量对研究结果的干扰,本书对个体层面的员工人口统计信息,如性别、年龄和受教育程度,员工的工作年限和与领导的共事时间等进行控制,也对团队层面的团队规模进行了控制。此外,我们将性别、年龄、受教育程度、工作年限和与领导的共事时间都进行了虚拟化处理,具体如下。性别:1=男性,0=女性;年龄:1=小于等于 25;2=26~35 岁;3=36~45 岁;4=大于等于 46 岁;教育水平:1=初中及以下;2=高中(职高);3=专科及本科;4=硕士研究生及以上;在本企业工作年限:1=小于等于 5 年;2=6~10 年;3=11~20 年;4=大于等于 21 年;与领导的共事时间:1=小于等于 2 年;2=3~5 年;3=6~10 年;4=大于等于 11 年;团队规模等:1=小于等于 4 人;2=5~9 人;3=10~14 人;4=15 人及以上。本章主要变量的测量信息,如表 4-1 所示。

表4-1 本章主要变量的测量

变量	题项数/个	测量层面	测量方式	测量时间
自利型领导	4	团队层面	员工评价	T1
传统性	5	员工层面	员工评价	T1
责任知觉	5	员工层面	员工评价	T2
组织认同	6	员工层面	员工评价	T2
任务绩效	4	员工层面	领导评价	T3
创新绩效	6	员工层面	领导评价	T3

4.3.3 统计分析方法

本章运用SPSS23.0、AMOS24.0、HLM6.08及R3.6.3四种分析工具进行了相应的统计分析工作。首先,通过Cronbach's α 系数和验证式因子分析(confirmatory factor analysis,CFA)对模型变量的信度和效度进行了评估;其次,对团队层面的变量进行了聚合效度分析;再次,采用Harman单因子法来评估变量的共同方法偏差;此外,通过变量的描述性统计和相关系数初步判断了变量的总体状况及其相互之间的关联性;最后,利用层次线性模型(Hierarchical Linear Model,HLM)对研究假设进行了检验。另外,本研究还借助R语言,采用蒙特卡罗方法对模型中的跨层次中介效应和调节效应进行了检验。

本研究针对HLM检验过程中变量的中心化处理进行了探讨。依据霍夫曼与加文(Hofmann and Gavin,1998)及恩德斯与托菲吉(Enders and Tofighi,2007)的研究建议,本研究在对构建的模型中的主效应和中介效应进行检验时,对个体层面和团队层面的变量实施了总平均数中心化处理;而在进行调节效应检验时,则对个体层面的变量执行了组别平均数中心化处理,并对团队层面的变量进行了总平均数中心化处理。

4.4 数据分析与假设检验

4.4.1 信度检验分析

本研究采用Cronbach's α系数对研究量表的信度进行了评估。只有当Cronbach's α系数高于0.70时，才可认定量表具备良好的内部一致性。本章所涉及研究变量的信度分析结果，如表4-2所示，自利型领导、传统性、责任知觉、组织认同、任务绩效及创新绩效的Cronbach's α值分别为0.93、0.87、0.95、0.95、0.95和0.94，均超过了0.7的阈值，从而满足了内部一致性的标准。

表4-2 信度检验结果

变量	题项	删除该题项后量表均值	删除该题项后量表方差	CITC	删除该题项后量表Crobanch's α	Crobanch's α
自利型领导	自利型领导1	5.77	10.74	0.81	0.92	0.93
	自利型领导2	5.69	10.25	0.89	0.90	
	自利型领导3	5.70	10.71	0.84	0.91	
	自利型领导4	5.85	11.20	0.84	0.92	
传统性	传统性1	10.02	16.5	0.72	0.83	0.87
	传统性2	9.40	17.87	0.49	0.89	
	传统性3	9.99	15.79	0.78	0.82	
	传统性4	10.42	16.02	0.74	0.83	
	传统性5	10.14	15.38	0.76	0.83	
责任知觉	责任知觉1	16.10	12.78	0.87	0.93	0.95
	责任知觉2	16.13	12.47	0.88	0.93	
	责任知觉3	16.06	12.85	0.84	0.94	
	责任知觉4	16.22	12.45	0.86	0.93	
	责任知觉5	16.28	12.67	0.82	0.94	

续表

变量	题项	删除该题项后量表均值	删除该题项后量表方差	CITC	删除该题项后量表Crobanch's α	Crobanch's α
组织认同	组织认同1	19.55	25.37	0.88	0.94	0.95
	组织认同2	19.69	25.63	0.82	0.94	
	组织认同3	19.70	24.77	0.86	0.94	
	组织认同4	19.50	26.22	0.80	0.95	
	组织认同5	19.65	25.15	0.86	0.94	
	组织认同6	19.64	25.32	0.87	0.94	
任务绩效	任务绩效1	12.89	5.35	0.88	0.94	0.95
	任务绩效2	12.85	5.53	0.90	0.93	
	任务绩效3	12.86	5.49	0.88	0.94	
	任务绩效4	12.86	5.30	0.87	0.94	
创新绩效	创新绩效1	18.54	18.66	0.83	0.93	0.94
	创新绩效2	18.57	18.25	0.85	0.93	
	创新绩效3	18.63	18.62	0.82	0.93	
	创新绩效4	18.62	18.72	0.81	0.93	
	创新绩效5	18.55	18.57	0.82	0.93	
	创新绩效6	18.54	18.58	0.83	0.93	

4.4.2　聚合效度和区分效度分析

本研究采用两种方法对研究变量的聚合效度与区分效度进行了评估。首先,对研究模型执行了验证性因子分析及与替代模型的比较分析,表4-3是模型变量的验证性因子分析结果。

表4-3　验证性因子分析结果

模型	因子	χ^2	df	CFI	TLI	RMSEA	SRMR
1	六因子基准模型	657.52	390	0.98	0.97	0.04	0.03
2	五因子模型1	2441.05	395	0.81	0.79	0.12	0.13
3	五因子模型2	2257.21	395	0.82	0.81	0.11	0.12
4	四因子模型1	4013.47	399	0.66	0.63	0.15	0.16
5	四因子模型2	3622.81	399	0.70	0.67	0.14	0.17
6	三因子模型1	5360.95	402	0.53	0.49	0.18	0.20
7	二因子模型	6210.67	404	0.45	0.41	0.19	0.20
8	一因子模型	7510.34	405	0.33	0.28	0.21	0.18

其中,基于六因子基准模型,本研究检验了7个替代模型:①五因子模型1(责任知觉与组织认同合为一个因子);②五因子模型2(任务绩效和创新绩效合为一个因子);③四因子模型1(责任知觉与组织认同合为一个因子,任务绩效和创新绩效合为一个因子);④四因子模型2(自利型领导和个人传统性合为一个因子,任务绩效和创新绩效合为一个因子);⑤三因子模型1(自利型领导、传统性合并为一个因子,责任知觉与组织认同合并为一个因子,任务绩效和创新绩效合并为一个因子);⑥二因子模型(自利型领导、传统性、责任知觉与组织认同合并为一个因子,任务绩效和创新绩效合并为一个因子);⑦一因子模型(所有变量合为一个因子)。根据表4-3可知,数据与假设模型(六因子基准模型)的拟合优度较为理想(χ^2=657.52,df=390,RMSEA=0.04,TLI=0.97,CFI=0.98),并高于其他替代模型,说明假设模型变量具有较好的聚合效度和区别效度。

通过CFA获得各变量的标准化因子载荷、组合信度和平均方差萃取量的计算数据,如表4-4所示。

表4-4　标准化因子载荷、组合信度及平均方差萃取量的计算数据

变量	题项	标准化因子载荷	组合信度	平均方差萃取量
自利型领导	自利型领导1	0.84	0.93	0.78
	自利型领导2	0.94		
	自利型领导3	0.89		
	自利型领导4	0.86		
个人传统性	传统性1	0.78	0.88	0.59
	传统性2	0.51		
	传统性3	0.85		
	传统性4	0.83		
	传统性5	0.82		
责任知觉	责任知觉1	0.91	0.95	0.78
	责任知觉2	0.92		
	责任知觉3	0.87		
	责任知觉4	0.88		
	责任知觉5	0.84		
组织认同	组织认同1	0.90	0.95	0.76
	组织认同2	0.85		
	组织认同3	0.89		
	组织认同4	0.83		
	组织认同5	0.88		
	组织认同6	0.89		
任务绩效	任务绩效1	0.92	0.95	0.83
	任务绩效2	0.93		
	任务绩效3	0.91		
	任务绩效4	0.90		
创新绩效	创新绩效1	0.86	0.94	0.73
	创新绩效2	0.88		
	创新绩效3	0.85		

续表

变量	题项	标准化因子载荷	组合信度	平均方差萃取量
创新绩效	创新绩效4	0.84	0.94	0.73
	创新绩效5	0.85		
	创新绩效6	0.86		

聚合效度指的是在相同维度下,各个题项之间相关性的程度(Clark-Carter,1997)。检验数据是否达到聚合效度的标准包括:首先,平均方差萃取量超过0.5,表明聚合效度合格(Bailey and Ball,2006);其次,标准化因子载荷均超过0.5且具有显著性,表明聚合效度良好(Bailey and Ball,2006);最后,组合信度超过0.7,则认为聚合度高(Bagozzi and Kimmel,1995)。根据表4-4显示,自利型领导、传统性、责任知觉、组织认同、任务绩效及创新绩效的平均方差萃取量分别为0.78、0.59、0.78、0.76、0.83和0.73,均高于0.5。同时,各题项的标准化因子载荷均大于0.5:自利型领导(0.84~0.94)、传统性(0.51~0.85)、责任知觉(0.84~0.92)、组织认同(0.83~0.90)、任务绩效(0.90~0.93)及创新绩效(0.84~0.88)。进一步地,自利型领导、传统性、责任知觉、组织认同、任务绩效及创新绩效的组合信度分别为0.93、0.88、0.95、0.95、0.95和0.94,均高于0.7,从而表明测量量表具有良好的聚合效度。此外,通过异质性—同质性相关系数比率(heterotrait-monotrait ratio of the correlations,HTMT)检验各变量之间的区分效度,若两两变量之间的HTMT值小于0.85,则说明变量之间的区分效度较好(Henseler et al.,2015)。如表4-5所示,不同变量之间的HTMT值均低于0.85,表明模型变量具有良好的区分效度。

表4-5 HTMT检验结果

变量	自利型领导	传统性	责任知觉	组织认同	任务绩效
传统性	0.18				
责任知觉	0.36	0.07			
组织认同	0.32	0.16	0.30		
任务绩效	0.32	0.13	0.42	0.36	
创新绩效	0.33	0.09	0.37	0.48	0.25

4.4.3 数据汇聚性分析

本研究选取的团队层次变量包括自利型领导与团队心理安全感。这两个变量需通过团队成员个体层面的评价来衡量,因此必须验证变量数据是否具备向团队层面聚合的合理性。为此,本研究采用ICC(1)、ICC(2)及Rwg三项指标来评估数据聚合的可行性。

自利型领导的组内一致性系数ICC(1)和组间一致性系数ICC(2)分别达到0.56和0.85;自利型领导的Rwg均值为0.81。基于此,研究结果支持将员工个体层面的评估数据汇总至团队层面。具体结果参见表4-6。

表4-6 团队层面变量数据聚合分析结果

变量	Rwg均值	One-Way ANOVA	ICC(1)	ICC(2)
自利型领导	0.81	6.84***	0.56	0.85

***$p < 0.001$。

4.4.4 共同方法偏差

共同方法偏差属于系统误差范畴,在采用问卷进行的实证研究中难以避免,其可能对研究结论造成一定程度的干扰。因此,本研究在问卷收集过程中采取了两项措施,以最大限度地减少共同方法偏差对研究的负面影响。首先,本研究通过两个不同的来源收集数据。具体而言,采用团队主管与员工两个不同的主体进行问卷收集,旨在降低仅由员工填写问卷可能引起的共同方法偏差。其次,本研究采用了多时间点的数据收集方法。设计在三个不同的时间点(T1、T2和T3)进行问卷收集。具体来说,自利型领导和传统性的数据在T1时间点采集,责任知觉和组织认同的数据在T2时间点采集,而任务绩效和创新绩效的数据则在T3时间点采集。这一做法有助于减轻共同方法偏差的不良影响(Podsakoff et al.,2012)。

在本研究中,自利型领导、传统性、责任知觉及组织认同的评价均由员工完成。尽管研究过程中已经考虑了同源方差效应,但不能完全排除其对研究结果可能产生的负面影响。因此,本研究借鉴了周浩和龙立荣(2004)的建议,采取了Harman单因子法,研究模型所包含的所有变量题项均被纳入因子分析过程。分析结果表明,经过探索性因子分析,所有题项可被归结为6个特征根大于1的因子,这些因子的累计方差贡献率达到79.54%。此外,首个探索性因子的主成分解释方差为32.77%,该值低于40.00%,这表明本研究中的共同方法偏差问题得到了合理控制。同时,参考张叶军(Zhang et al.,2022)的建议,若单一因子模型的CFA拟合结果未能达到拟合标准,或者在备选的替代模型中,单因子CFA的拟合效果最不理想,则可以认为共同方法偏差问题并不严重。根据CFA的结果显示,单一因子模型的数据拟合效果极差(χ^2=7510.34,df=405,CFI=0.33,TLI=0.28,RMSEA=0.21,SRMR=0.18),相比之下,六因子基准模型的拟合优度良好(χ^2=657.52,df=390,CFI=0.98,TLI=0.97,RMSEA=0.04,SRMR=0.03)。由此也可以进一步推断,本研究中共同方法偏差的影响已得到有效降低。

4.4.5　描述性统计及相关分析

本研究所有变量的均值、标准差和相关系数，如表4-7所示。其中，责任知觉与任务绩效和创新绩效之间显著正相关（$r = 0.40, p < 0.01; r = 0.35, p < 0.01$）；组织认同与任务绩效和创新绩效之间显著正相关（$r = 0.34, p < 0.01; r = 0.46, p < 0.01$）。

4.4.6　跨层次回归分析

1. 零模型检验

在进行假设检验之前，首先需借助零模型来确定因变量的组间方差与组内方差，以评估因变量组间方差是否满足特定标准，即ICC（1）是否大于0.12，从而判断是否适宜进行跨层次分析。本研究以责任知觉、组织认同、任务绩效及创新绩效作为因变量，构建了不包含控制变量和自变量的零模型，用以评估相关变量的组内方差与组间方差。分析结果如表4-8所示，责任知觉的组内方差δ^2和组间方差$\tau 00$分别为0.34和0.43[$\chi^2(85) = 577.56, p = 0 < 0.001$]，ICC（1）值为0.5584，表明责任知觉总方差变异中有55.84%源自组间方差；组织认同的组内方差δ^2和组间方差$\tau 00$分别为0.44和0.59[$\chi^2(85) = 585.63, p = 0 < 0.001$]，ICC（1）值为0.5728，表明组织认同总方差变异中有57.28%源自组间方差；任务绩效的组内方差δ^2和组间方差$\tau 00$分别为0.32和0.29[$\chi^2(85) = 416.31, p = 0 < 0.001$]，ICC（1）值为0.4754，表明任务绩效总方差变异中有47.54%源自组间方差；创新绩效的组内方差δ^2和组间方差$\tau 00$分别为0.34和0.40[$\chi^2(85) = 550.50, p = 0 < 0.001$]，ICC（1）值为0.5405，表明创新绩效总方差变异中有54.05%源自组间方差。基于此，可以得出结论，可以进行跨层次分析。

表4-7 描述统计量与相关系数

	变量	均值	标准差	1	2	3	4	5	6	7	8	9
员工层面	性别	0.42	0.49									
	年龄	2.15	0.66	0.13*								
	学历	3.13	0.46	0.02	−0.16**							
	工龄	1.61	0.82	0.05	0.62**	−0.16**						
	与领导共事时间	1.75	0.84	0.03	0.39**	−0.16**	0.53**					
	传统性（T1）	2.50	0.99	0	0.09	0.01	0.08	0.07				
	责任知觉（T2）	4.04	0.88	−0.05	0	0.02	−0.01	−0.02	−0.06			
	组织认同（T2）	3.92	1.00	0.02	0.04	0	0.03	−0.03	−0.15**	0.28**		
	任务绩效（T3）	4.29	0.77	−0.06	0.08	−0.06	0.04	0.04	−0.12*	0.40**	0.34**	
	创新绩效（T3）	3.71	0.86	0.06	0.03	0.03	−0.01	−0.01	−0.08	0.35**	0.46**	0.24**
团队层面	团队规模	2.10	0.53									
	自利型领导	1.92	0.88	−0.06								

注：员工层面样本数 $N = 392$；团队层面样本数 $n = 86$；T1=时间点 1，T2=时间点 2，T3=时间点 3。

*$p < 0.05$，**$p < 0.01$。

表4-8　责任知觉和组织认同对自利型领导与员工绩效的中介效应

变量		责任知觉		组织认同		任务绩效			创新绩效		
		零模型1	模型M1	零模型2	模型M2	零模型3	模型M3	模型M4	零模型4	模型M5	模型M6
截距		4.05***	4.05***	3.91***	3.91***	4.28***	4.28***	4.28***	3.71***	3.71***	3.72***
员工层面	性别		-0.07		-0.08		-0.14*	-0.11		0.04	0.07
	年龄		0.04		0.05		0.05	0.03		0.07	0.05
	学历		0.09		0.08		-0.07	-0.10		0.11	0.07
	工龄		-0.04		-0.02		-0.03	-0.02		-0.05	-0.04
	与领导共事时间		0.03		-0.05		0.06	0.06		0.02	0.02
	责任知觉				0.34*			0.23**			0.21**
	组织认同							0.16**			0.23**
团队层面	团队规模		-0.03				0.17	0.13		0.15	0.08
	自利型领导		-0.42**		-0.41**		-0.31***	-0.15*		-0.35***	-0.17*
方差分解	组内方差 σ^2	0.34	0.35	0.44	0.44	0.32	0.32	0.28	0.34	0.34	0.29
	组间方差 τ_{00}	0.43	0.30	0.59	0.44	0.29	0.22	0.19	0.40	0.31	0.25
	chi-square	577.56	417.14	585.63	457.91	416.31	325.51	318.17	550.50	431.83	407.27
	Deviance	857.30	855.07	959.20	956.04	809.08	805.76	766.41	843.64	845.72	792.53

注：员工层面样本数 $N = 392$，团队层面样本数 $n = 86$；在稳健标准误差的条件下，回归系数为非标准化形式。

$*p < 0.05$，$**p < 0.01$，$***p < 0.001$。

2. 责任知觉的跨层次中介效应检验

第一,本研究旨在检验自变量(自利型领导)对因变量(任务绩效和创新绩效)的跨层次直接影响。如表4-8所示,模型M3在零模型3的基础上加入了自利型领导和控制变量。结果显示,自利型领导与任务绩效之间存在显著的负相关关系($\gamma = -0.31, p < 0.001$),这表明自利型领导跨层次显著负向影响任务绩效。类似地,模型M5在零模型4的基础上加入了自变量(自利型领导)和控制变量。结果显示,自利型领导与创新绩效之间存在显著的负相关关系($\gamma = -0.35, p < 0.001$),这表明自利型领导跨层次显著负向影响创新绩效。

第二,对自变量(自利型领导)与中介变量(员工责任知觉)之间的直接效应进行检验。模型1在零模型1的基础上纳入了自变量(自利型领导)、个体层面的控制变量及团队层面的控制变量。分析结果显示,自利型领导与责任知觉之间存在显著的负相关关系($\gamma = -0.42, p < 0.001$)。

第三,责任知觉的跨层次中介效应检验。如表4-8所示,模型M4在模型M3的基础上纳入了中介变量(责任知觉和组织认同),检验后发现自利型领导对任务绩效的负面影响依然显著($\gamma = -0.15, p < 0.05$),然而其影响程度相较于模型M3有所降低($\gamma = -0.31, p < 0.001$)。同时,责任知觉对任务绩效的影响效应也显著($\gamma = 0.23, p < 0.01$),这表明责任知觉在自利型领导与任务绩效的关系中起到了部分中介作用。同样地,如表4-8所示,模型M6在模型M5的基础上加入了中介变量(责任知觉和组织认同),检验后发现自利型领导对创新绩效的影响效应依然显著($\gamma = -0.17, p < 0.05$),且其影响系数相较于模型M5明显下降($\gamma = -0.35, p < 0.001$)。同时,责任知觉对创新绩效的影响效应也显著($\gamma = 0.21, p < 0.01$),这表明责任知觉在自利型领导与创新绩效之间的关系中起到了部分中介作用。为了进一步验证责任知觉的中介效应,采用Monte Carlo方法进行检验,结果证实了责任知觉在

自利型领导与任务绩效和创新绩效之间的中介作用,效应均为-0.07,其95% 置信区间分别为[-0.16,-0.01]和[-0.16,-0.01],均不包含0。基于此,假设H1a和H1b得到了支持。

3. 组织认同的跨层次中介效应检验

第一,对自变量(自利型领导)与因变量(任务绩效和创新绩效)之间主效应的检验结果,如表4-8所示,在零模型3的基础上,零模型3将自变量(自利型领导)及控制变量纳入分析后,自利型领导对任务绩效产生了显著的负面影响。

这表明自利型领导在跨层次分析中显著负向地影响任务绩效;同样地,模型M5在零模型4的基础上加入了自变量(自利型领导)及控制变量,结果显示自利型领导与创新绩效之间存在显著的负相关关系($\gamma = -0.35$,$p < 0.001$),这表明自利型领导在跨层次分析中显著且负向地影响了创新绩效。

第二,对自变量(自利型领导)与中介变量(组织认同)之间关系的检验结果,如表4-8所示。在零模型2的基础上,模型M2加入了自变量(自利型领导)及控制变量。研究结果显示,自利型领导对组织认同具有显著的负向影响($\gamma = -0.41$,$p < 0.01$),这表明自利型领导在跨层次上显著地负向影响员工的组织认同。

第三,对组织认同的跨层次中介效应进行了检验,如表4-8所示,模型M4在模型M3的基础上加入了中介变量(责任知觉和组织认同),自利型领导与任务绩效的相关关系依然显著($\gamma = -0.15$,$p < 0.05$),且系数较模型M3有所降低($\gamma = -0.31$,$p < 0.001$)。同时,组织认同对任务绩效的影响效应也显著($\gamma = 0.16$,$p < 0.01$),这表明组织认同在自利型领导对任务绩效的影响过程中发挥着部分中介效应。同样,如表4-8所示,模型M6在模型M5的基础上加入了中介变量(责任知觉和组织认同),自利型领导对创新绩效的影响作用依旧显著($\gamma = -0.17$,$p < 0.05$),但影响作用较模型M5有所降低($\gamma = -0.35$,$p < 0.001$)。此外,组织认同对创新绩效的影响作用依然显著($\gamma =$

$0.23, p < 0.01$），这表明组织认同在自利型领导对创新绩效的影响过程中发挥着部分中介作用。为了进一步检验组织认同的中介作用，本研究采用了蒙特卡罗方法进行分析，结果表明团队层面的自利型领导倾向通过组织认同影响任务绩效和创新绩效，效应分别为 -0.07 和 -0.07，其 95% 置信区间分别为 $[-0.16, -0.01]$ 和 $[-0.16, -0.01]$，均不包含 0。因此，假设 H2a 和 H2b 得到了支持。

4. 传统性的调节效应检验

首先将员工绩效（包括任务绩效和创新绩效）作为因变量，随后依次纳入变量以验证调节效应。分析结果如表 4-9 所示。

第一，检验传统性在自利型领导与责任知觉关系中的跨层次调节效应。模型 M8 在模型 M7 的基础上引入了自变量（自利型领导）和调节变量（传统性）。研究结果表明，自利型领导对责任知觉产生了显著的负面影响（$\gamma = -0.41, p < 0.01$），而传统性对责任知觉的影响则不显著（$\gamma = -0.03$, n.s.）。模型 M9 在模型 M8 的基础上进一步加入了自变量和调节变量的交互项（自利型领导×传统性），并将其纳入层次线性模型中。交互项对责任知觉的影响显著（$\gamma = 0.12, p < 0.01$），这说明传统性在自利型领导与责任知觉关系中的调节作用是成立的。因此，H3a 得到了支持。

第二，检验传统性在自利型领导与员工组织认同关系中的跨层次调节效应。模型 M11 在模型 M10 的基础上引入了自变量（自利型领导）和调节变量（传统性）。分析结果显示，自利型领导对员工组织认同具有显著的负向影响（$\gamma = -0.40, p < 0.01$），而传统性对员工组织认同的影响则不显著（$\gamma = -0.07$, n.s.）。模型 M12 在模型 M11 的基础上进一步加入了自变量与调节变量的交互项（自利型领导×传统性）。加入交互项后，交互项对组织认同的影响显著（$\gamma = 0.14, p < 0.05$），表明传统性在自利型领导与组织认同的关系中起到了负向调节作用。因此，假设 H3b 得到了验证。

表4-9　统性调节效应检验结果

变量		责任知觉			组织认同		
		模型 M7	模型 M8	模型 M9	模型 M10	模型 M11	模型 M12
截距		4.05***	4.05***	4.05***	3.90***	3.91***	3.91***
员工层面	性别	−0.08	−0.07	−0.06	−0.10	−0.08	−0.10
	年龄	0.04	0.04	0.06	0.06	0.06	0.07
	学历	0.07	0.09	0.08	0.07	0.09	0.10
	工龄	−0.04	−0.04	−0.05	−0.02	−0.02	−0.02
	与领导共事时间	0.03	0.03	0.04	−0.06	−0.05	−0.06
	传统性		−0.03	−0.05		−0.07	−0.06
团队层面	团队规模	0	−0.04	−0.04	0.38*	0.32*	0.33*
	自利型领导		−0.41**	−0.41**		−0.40**	−0.41**
交互项	自利型领导×传统性			0.12**			0.14*
方差分解	组内方差 σ^2	0.35	0.35	0.34	0.44	0.44	0.43
	组间方差 τ_{00}	0.43	0.31	0.30	0.57	0.44	0.43
	chi-square	575.17	420.11	424.82	563.18	455.63	463.26
	Deviance	875.59	857.22	855.82	970.17	955.73	954.04

注：员工层面样本数 $N = 392$，团队层面样本数 $n = 86$。

$*p < 0.05$，$**p < 0.01$。

本研究进一步采用Monte Carlo方法对被调节的中介效应进行了检验。根据表4-10所示，当传统性水平较高时，责任知觉在自利型领导对任务绩效和创新绩效的影响中发挥显著的中介作用（间接效应分别为−0.13和−0.13，95%置信区间分别为[−0.26，−0.04]和[−0.25，−0.02]）；反之，当传统性水平较低时，上述中介效应不显著（间接效应均为−0.14，95%置信区间分别为[-0.14,0.03]和[-0.13,0.02],包含0)。然而,在不同传统性水平下,责任知觉的中介作用存在显著差异(差异值分别为-0.09和-0.09,95% 置信区间均为[-0.19,-0.02]),这表明自利型领导通过责任知觉对任务绩效和创新绩效的中介效应受到传统性的调节作用。因此,假设4a和假设4b得到支持。同样地,表4-10显示,当传统性水平较高时,组织认同在自利型领导与任务绩效和创新绩效之间具有显著的中介作用(中介效应分别为-0.13和-0.14,95% 置信区间分别为[-0.24,-0.04]和[-0.03,-0.04]);而当传统性水平较低时,组织认同的中介效应未达到显著水平(中介效应分别为-0.01和-0.02,95% 置信区间分别为[-0.08,0.05]和[-0.11,0.05],包含0)。同时,在传统性水平存在差异的情况下,组织认同的中介作用差异值显著(差值均为-0.12,95% 置信区间分别为[-0.24,-0.03]和[-0.24,-0.03]),这说明自利型领导通过组织认同对任务绩效和创新绩效产生作用的中介机制受到传统性的调节影响。因此,假设H4c和假设H4d得到支持。

表4-10　被调节的中介效应及蒙特卡罗检验结果

调节项	间接效应值	SE	95% 置信区间	间接效应值	SE	95% 置信区间
路径	自利型领导—责任知觉—任务绩效			自利型领导—责任知觉—创新绩效		
高传统性（+1 SD）	-0.13	0.06	[-0.26,-0.04]	-0.13	0.05	[-0.25,-0.02]
低传统性（-1 SD）	-0.14	0.04	[-0.14,0.03]	-0.14	0.04	[-0.13,0.02]
差异值	-0.09	0.04	[-0.19,-0.02]	-0.09	0.04	[-0.19,-0.02]
路径	自利型领导—组织认同—任务绩效			自利型领导—组织认同—创新绩效		

续表

调节项	间接效应值	SE	95%置信区间	间接效应值	SE	95%置信区间
高传统性 （+1 SD）	-0.13	0.05	［-0.24，-0.04］	-0.14	0.06	［-0.03，-0.04］
低传统性 （-1 SD）	-0.01	0.03	［-0.08，0.05］	-0.02	0.04	［-0.11，0.05］
差异值	-0.12	0.05	［-0.24，-0.03］	-0.12	0.05	［-0.24，-0.03］

为了进一步探讨传统性对自利型领导与责任知觉及组织认同之间关系的调节作用，本书遵循艾肯和韦斯特（1991）的建议，通过简单斜率分析，将传统性的两种不同条件值，即均值加减一个标准差（SD），制成了调节效应图。依据分析结果，我们绘制了图4-2，用以说明传统性在自利型领导对责任知觉影响关系中所起的调节效应。如图4-2所示，当传统性水平较高时，自利型领导与员工责任知觉之间的消极关系得到缓解（$r_1 = -0.30$，$p < 0.05$）；反之，当员工的传统性水平较低时，自利型领导对责任知觉的消极影响被加剧（$r_2 = -0.52$，$p < 0.001$）。因此，假设H3a得到了验证。

同理，我们绘制了图4-3，用以说明传统性在自利型领导对组织认同影响关系中所的调节效应。如图4-3所示，当员工的传统性水平较高时，自利型领导对员工组织认同的消极影响有所缓解（$r_1 = -0.27$，$p < 0.05$）；而当员工的传统性水平较低时，自利型领导对员工组织认同的消极影响增大（$r_2 = -0.55$，$p < 0.001$）。因此，H3b得到了数据的支持。

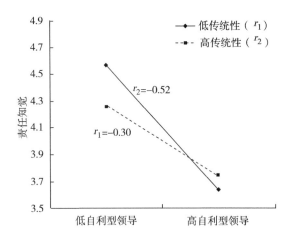

图 4-2　传统性对自利型领导与责任知觉的调节效应

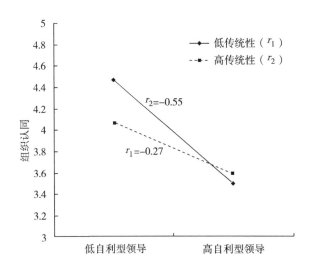

图 4-3　传统性对自利型领导与组织认同的调节效应

4.5　本章研究讨论及总结

本章旨在基于社会交换理论和社会认同理论,构建了一个探讨自利型领导对员工绩效产生跨层次影响的机制模型。通过采用团队主管与员工的配对方式,以及在三个不同时间点收集的86位团队主管和392名员工的问卷数据,本研究进行了实证检验。研究结果表明,自利型领导对员工的责任知觉和组织认同具有负面影响,进而对员工的任务绩效和创新绩效产生不利效应。责任知觉和组织认同在自利型领导与员工绩效之间的跨层次关系中起到了部分中介作用;员工的传统性则对自利型领导与员工绩效之间的关系产生负向调节效应。具体而言,当员工的传统性较高时,自利型领导通过责任知觉和组织认同对员工绩效的影响会减弱;反之,当员工的传统性较低时,该影响则会增强。研究结论揭示了员工在面对自利型领导时的行为和态度会因个体文化差异而有所差异。本章的研究假设检验结果,如表4-11所示。

表4-11 自利型领导对员工绩效的跨层次影响

研究假设	检验结果
H1a:自利型领导对员工的任务绩效具有显著的负向影响	支持
H1b:自利型领导对员工的创新绩效具有显著的负向影响	支持
H2a:责任意识在自利型领导与员工的任务绩效之间的关系中发挥着中介作用	支持
H2b:责任意识在自利型领导与员工的创新绩效之间的关系中发挥着中介作用	支持
H2c:组织认同在自利型领导与员工的任务绩效的关系中发挥着中介作用	支持
H2d:组织认同在自利型领导与员工的创新绩效的关系中发挥着中介作用	支持
H3a:个体的传统性在自利型领导与责任知觉的关系中起着调节作用。员工的传统性越强,自利型领导对员工的责任知觉的负向影响越小;反之越强	支持
H3b:个体的传统性在自利型领导与组织认同的关系中起着调节作用。员工的传统性越强,自利型领导对员工的组织认同的负向影响越小;反之越强	支持

续表

研究假设	检验结果
H4a:员工的传统性调节了责任知觉在自利型领导与员工的任务绩效之间的中介作用,员工的传统性越高,责任知觉对自利型领导与任务绩效的中介作用越弱;反之越强	支持
H4b:员工的传统性调节了责任知觉在自利型领导与员工的创新绩效之间的中介作用,员工的传统性越高,责任知觉对自利型领导与创新绩效的中介作用越弱;反之越强	支持
H4c:员工的传统性调节了组织认同在自利型领导与员工的任务绩效 之间的中介作用。员工的传统性越高,组织认同对自利型领导与任务绩效的中介作用越弱;反之越强	支持
H4d:员工的传统性调节了组织认同在自利型领导与员工的创新绩效 之间的中介作用。员工的传统性越高,组织认同对自利型领导与创 新绩效的中介作用越弱;反之越强	支持

第5章　自利型领导对员工绩效的影响机制：团队心理安全感与职场焦虑的中介作用机制视角

5.1　研究目的与目标

已有研究表明,团队层面的领导通过个体层面的员工与团队环境的双重路径对员工绩效产生影响(李群等,2021)。因此,本研究旨在从团队心理安全感(即团队氛围)和职场焦虑(即员工情绪)两个维度,探讨不同因素在自利型领导与员工绩效之间的跨层次中介效应。一方面,社会信息加工理论认为,在特定环境中,个体对所获取的信息线索会产生不同的解读,进而形成对环境的不同认知,并据此调整其后续行为(Salancik and Pfeffer,1978)。团队成员依赖团队领导者的线索来验证他们对团队环境的理解,并据此调整他们的认知(Gu et al.,2016)。自利型领导会对员工的个人利益构成威胁(Mao et al.,2017),导致员工感知到组织无法保障其个人利益,从而产生恐惧感(Peng et al.,2019)。同时,自利型领导往往会忽视员工的利益(Camps et al.,2012),使员工的努力未得到认可,进而引发共同的心理不安全感(Peng et al.,2019)。而团队心理安全感能够有效协助员工协调人际关系,团队成员无须担忧表达意见和想法对其工作地位或工作声誉的负面影响(Roussin and Webber,2012),能够自由地讨论和交流与任务相关的信息,促进成员之间的合作与学习(Roussin et al.,2014),并更有勇气表达自己的观点和想法,从而激发成员的创新行为(Carmeli et al.,2010)。因此,在分析自利型领导与员工绩效的关系时,本研究一方面将考察团队心理安全感的作用机制,探讨其在两者关系中的中介效应;另一方面,根据资源保存理论,个体所拥有的资源总是有限的,人们倾向于努力维护和获取稀缺资源,一旦资源发生损耗,将导致个体产生消极影响。自利型领导的行为会引发员工对可用资源的消极感知(Mao et al.,2019a),使员工感受到利益被领导剥夺的威胁,从而导致员工的压力反应(Hobfoll,1989),影响其心理状态(Brotheridge et al.,2002),如引发员工焦虑(Mao et al.,2019a)。职场焦虑作为一种负面情绪,会大量占用员工的认知资源(Weiss et al.,1996)。同时,为了防止资源的进一步损失,员工会减少在工作中的情绪/认知资源投入,从而对员工绩效产生负面影响。基于此,本研究将探讨职场焦虑在自利型领导与员工的创新行为关系之间的中介作用。

同时,依据自我资源损耗理论,团队心理安全感可被视为一种存在于团队层面的工作资源(Halbesleben et al.,2014),它体现了员工所感知到的机会或实际的支持行为(Hobfoll,2002),为员工提供了恢复心理资源的契机(Turgakos et al.,2008),有助于补充因焦虑所导致的资源损耗(Grandey et al.,2013),从而使员工在后续工作中拥有更多的资源投入,有利于工作投入(Lin and Johnson,2015),积极主动地协调各种资源以应对工作中的挑战,激发更多的生产力和创造力(Amabile,1993)。我们认为,团队心理安全感能够调节员工职场焦虑与员工绩效之间的关系。

基于上述分析,本章拟整合社会信息加工理论和资源保存理论,引入团队层面的心理安全感与个体层面的职场焦虑作为中介变量,构建了一个涵盖团队与个体两个层面的跨层次理论模型,旨在探究自利型领导与员工绩效之间的关系。此外,"人—境互动"效应指出,情境因素与个体因素相互作用,共同影响个体的态度或行为(Tett and Burnett,2003)。基于此,本研究构建了一个以职场焦虑为中介变量,团队心理安全感为调节变量的自利型领导对员工绩效影响的调节中介模型。

5.2　理论基础与研究假设

5.2.1　团队心理安全感的跨层次中介作用

团队心理安全感是团队成员共同持有的信念,反映了他们对于可能遭遇的人际关系风险的感知。当团队心理安全感水平较高时,成员能够毫无顾忌地表达个人意见,不必担心遭到其他成员的否定、嘲笑或惩罚。这种积极的感知是在团队成员之间相互信任和尊重的氛围中形成的(Edmondson,1999),有助于减轻团队成员对承担人际关系风险的顾虑,并能促进其工作表现(张毅和游达明,2014)。领导行为是影响心理安全感的关键因素(Ortega et al.,2014),埃德蒙森(1999)指出,团队领导在团队成员对人际关系风险的感知中扮演着重要角色,并与团队成员的心理安全感紧密相关。同时,领导对任务和团队成员的不同态度,对团队氛围和团队员工心理状态的塑造产生不同的影响(Qing et al.,2012)。那些优先考虑团队成员利益的领导能够在团队中营造出良好的心理安全感氛围(Hu et al.,2018);相反,当领导对团队成员缺乏同情甚至采取剥削态度时,会引发团队成员产生心理上的不安全感(Jiang et al.,2016)。

依据社会信息加工理论,领导作为员工在工作场所中获取信息的关键来源,员工对信息的理解将对其行为和态度产生影响。员工通过对信息的解读,帮助其理解工作环境,进而塑造团队成员的行为(Salancik and Pfeffer,1978),或者说,团队成员会依据领导发出的信息来促进其对工作环境的理解,并据此调整他们的认知(Gu et al.,2016)。具体而言,自利型领导会侵占组织资源(Rus et al.,2010a),牺牲他人利益以实现个人目标,并推卸责任,采用欺骗手段满足个人利益(Schilling,2009),使团队成员感受到利益受到威胁(Mao et al.,2017)。此外,自私自利的领导者通常会忽视团队成员的利益(Camps et al.,2012)。通过对这些信息的解读,团队成员认为自己的贡献未获得认可,感受到可能被领导利用的风险,引发团队成员对暴露错误的恐惧感。一旦犯错,员工倾向于掩盖错误甚至相互推诿,这会导致员工之间人际关系的疏离(Du et al.,2015),使团队成员产生团队环境无法承担人际交往中的风险的认知,从而引发团队成员的共同心理不安全感(Peng et al.,2019)。社会信息无处不在地影响着个体行为。我们认为团队的心理安全可以促进员工的创新绩效。

首先,团队心理安全感对于营造积极的团队氛围具有正向作用。创新活动本身具有风险性,其结果往往难以预测(George,2007)。当工作环境对员工的创新行为表现出较高的包容性时,这将有助于激发员工的创新思维,增强其创新技能(Edmondson,1999),并促进员工的创意和合作热情,从而提高创造性解决问题的能力(Brown and Leigh,1996)。心理安全感较高的情况下,团队内部充满信任,鼓励员工承担风险,而不必担心对自身工作地位或团队声誉产生负面影响(Roussin and Webber,2012)。在这种工作氛围中,团队成员不必担忧因提出不同意见而受到其他成员的责备、刁难或惩罚,从而避免了人际风险(杨付和张丽华,2012)。团队成员更愿意表达真实想法,提出问题,或坦率地讨论工作中的错误,并向其他团队成员寻求支持和反馈(Ortega et al.,2014),这有助于团队成员之间有效交流与工作相关的信息,促进相互合作与学习(Roussin et al.,2014),进而提升员工的创新绩效。同时,团队心理安全感能够显著提升员工的探索性创新和开发性创新(Nemanich and Vera,2009),换言之,团队心理安全感越高,越有利于促进团队成员的创新行为。相反,当团队心理安全感较低时,员工感受到的团队支持、信任、尊重等要素也相应减少,由于担心提出不同意见可能遭受团队其他成员的责难,从而产生人际风险,这将降低员工的创新绩效,如在知识共享方面的行为。

其次,团队心理安全感对于促进学习和交流具有积极作用。在高团队心理安全感的环境中，团队成员在相互交流时，较少担心人际关系的风险，更愿意主动分享个人见解，并且更乐于进行学习和沟通，提出更多创新的想法（杨付和张丽华，2012）。同时，在这样的环境中，员工也更勇于做出决策并积极实践，从而促进创新构想的产生（张燕等，2015）。

从社会信息加工理论的视角来看，领导行为通过心理安全感这一中介机制，对员工的行为和工作态度产生影响（张征和郭倩，2021）。基于此，我们认为团队心理安全感对员工的任务绩效具有正面效应。

第一，团队心理安全感对于提升团队成员的工作投入具有显著的促进作用。首先，当团队内部形成积极的心理安全感氛围时，成员们在工作中能够无所畏惧地表达个人意见，减少了因表达观点而可能遭受的惩罚的顾虑（杨付和张丽华，2012）。这种氛围有助于降低团队成员在人际交往上的精力消耗，使他们能够更加专注于工作中的问题（张振刚等，2014），进而提升工作投入度（Edmondson，1999；Grund and Fries，2018）。其次，在心理安全感较高的团队环境中，个体更愿意提出自己的见解和建议，不必担心这些观点和建议会对自己的形象、地位或职业发展产生负面影响（Kahn，1990）。这降低了表达真实想法的风险，有助于提高员工的工作参与度和满意度（Ma et al.，2004），进而促进员工的工作投入（徐振亭等，2018），提高任务绩效。相反，在心理安全感较低的团队环境中，成员们担心提出意见和建议可能引起其他成员的反对，从而给自己带来人际风险。因此，团队成员在工作中会投入资源以减少错误和人际风险，避免不必要的负面影响。他们可能避免在工作中冒险发表意见和建议（Edmondson，1999），这会降低员工的工作满意度，减少工作投入（徐振亭等，2018），从而降低员工的任务绩效。

第二，浓厚的团队心理安全感环境有助于促进团队成员之间积极的情感纽带，进而增强团队成员的合作意向（郝萌和程志超，2015），激发相互之间的鼓励，从而提高团队成员的内在动机和任务参与度（Edmondson，1999）。

同时,团队心理安全感对团队成员的工作参与度和团队成员之间的互动水平具有正面影响(Koopmann et al.,2016),能够激发工作的主动性和积极性(Edmondson,1999),减少工作中的拖延现象(Grund and Fries,2018),从而有利于提升员工的任务绩效。

基于上述分析,自利型领导将负向影响团队心理安全感,从而抑制员工的任务绩效和创新绩效。因此,本研究提出以下假设。

H1a:团队心理安全感在自利型领导对员工的任务绩效之间具有跨层次中介作用。

H1b:团队心理安全感在自利型领导对员工的创新绩效之间具有跨层次中介作用。

5.2.2 职场焦虑的跨层次中介作用

在职场中,员工在执行工作任务时所感受到的紧张与恐惧情绪,通常被称为职场焦虑(Muschalla and Linden,2012)。这种焦虑是在工作处理过程中产生的紧张和不安,是面对压力时的自然反应(Mccarthy et al.,2016)。焦虑可进一步区分为特质焦虑和状态焦虑(Endler and Kocovski,2001)。本研究关注的职场焦虑特指与组织环境相关的状态焦虑,与长期的特质焦虑不同,它是一种较为短暂的个人情绪状态(Endler and Kocovski,2001),通常在员工遭遇威胁和压力时显现(Cheng and McCarthy,2018)。

依据资源保存理论,个体将尽力维护并争取那些对其具有价值的资源。且当个体所拥有的资源越丰富,就越能够实现资源的保值与增值,从而减轻资源损失对其产生的不利影响;反之,若个体所拥有的资源匮乏,其对资源损失的敏感度将更高,进而导致对个体产生更多的负面影响(Hobfoll,1989)。

自利型领导作为与员工争夺可获取资源的竞争者,将个人利益置于下属及组织利益之上,影响员工对资源的感知(Mao et al.,2019a),导致下属感受到自身利益被领导剥夺的威胁,从而触发员工的压力反应(Hobfoll,1989),并对员工的心理状态产生影响(Brotheridge et al.,2002)。当员工感知到工作成果未达预期时,他们更倾向于采取消极的资源应对策略,激发个人的负面情绪和职场焦虑(Ye et al.,2021),这在某种程度上充当了生存受到威胁时的自我保护信号(Cheng and McCarthy,2018)。

职场焦虑对员工的创新绩效产生不利影响。首先,创新活动往往需要改变现有的常规和现状,这可能触及到某些人的利益。面对由此产生的风险,员工需要加强与他人的沟通与合作,这将消耗大量的资源(Agarwal,2016)。根据资源保存理论,状态焦虑作为一种负面情绪,会消耗个体过多的认知资源(Ferris et al.,2008),导致员工在工作中投入所需的认知资源不足,从而对员工的创新绩效产生负面影响。其次,依据注意力控制理论,当员工面临与威胁相关的刺激时,焦虑会妨碍个人的注意力控制,焦虑中的个体会将更多的注意力资源分配到产生威胁的对象上(Eysenck et al.,2007)。因此,当员工感受到自己的利益受到领导的侵害威胁,从而激发自身的焦虑时,员工将投入较多的注意力以应对领导对自身利益的威胁,从而降低对工作的关注,导致创新行为的减少。最后,与心理冷静的员工相比,焦虑的员工思考效率较低,这进一步阻碍了员工的创新行为。

同时,职场焦虑对员工的任务绩效产生不利影响。首先,焦虑会对个体的信息处理产生负面影响,使其更多地关注产生焦虑来源的威胁性信息(Mogg et al.,1990),这会影响个体的道德判断和行为,个体可能采取各种方式去消除这种威胁,如通过减少工作投入、降低绩效等方式来缓解焦虑带来的威胁。其次,韦格(Wegge et al.,2006)指出,在情境因素对员工态度和行为等方面的影响过程中,消极情绪扮演着重要的中介作用。当员工拥有较多的消极情绪时,会消耗自身宝贵的心理资源,为减少消极情绪对身心健康的不良影响,员工会努力恢复自身的心理资源(Hobfoll et al.,2018),在此过程中可能产生不利于绩效的负面行为,如工作退缩行为(叶晓倩等,2021)。此外,一些研究也证明了职场焦虑对员工的工作结果有显著影响(McCarthy et al.,2016)。最后,根据公平理论,如果感知自己的付出与收获之间存在落差,就会产生一种压力源——不公平感(Adams,1963),这可能导致员工情绪的变化,带来职场焦虑,对个人完成工作的能力产生消极影响(李志成等,2018),使员工对工作丧失足够的热情(Cheng et al.,2020),从而对任务绩效产生不利影响。

综上所述,领导者的自利行为将导致员工在职场中感受到更多的焦虑,而这种焦虑状态又会对员工的任务执行效率和创新能力产生负面影响。基于此,本研究提出以下假设。

H2a:职场焦虑在自利型领导与员工的任务绩效之间起跨层次的中介作用。

H2b:职场焦虑在自利型领导与员工的创新绩效之间起跨层次的中介作用。

5.2.3　团队心理安全感的跨层次调节作用

根据自我损耗理论,个体的自我控制能力是一种宝贵的资源,当个体开展一些活动时会损耗这种资源(Baumeister and Vohs,2007),且自我控制资源的总量是有限的(Baumeister et al.,1998),员工执行了自我控制任务后,会使控制资源自我损耗(Muraven and Baumeister,2000),导致另一领域的可用资源减少(Ren et al.,2014),使随后进行的自我控制任务中的表现下降(Baumeister and Vohs,2007),引发诸多不利后果。

团队心理安全感被视为一种社会支持形式,它是一种存在于团队层面的工作资源(Halbesleben et al.,2014),可以理解为员工所感知到的机会或实际获得的支持行为（Hobfoll，2002）。尽管关于心理安全感的文献主要关注员工在提出问题或犯错时承担人际风险的感知（Edmondson，1999），但同样可以将情绪表达纳入考量范围（Grandey et al.，2013）。

我们认为，团队心理安全感在调节员工职场焦虑与绩效关系方面发挥着重要作用。

首先，在团队中，若存在较高的心理安全感氛围，则成员之间能够建立起相互尊重与信任的关系。员工将感受到同事的信任与支持，并与同事形成积极的互动关系（Banks et al.，2014）。他们相信表达个人情绪不会招致其他成员的责难或使自己陷入尴尬（Edmondson，1999），也不会担忧因表达焦虑而遭到领导和同事对自身能力的质疑或对个人形象的贬损。相反，他们认为坦率表达情绪能够带来更多的益处，有效减轻表达焦虑时的心理负担，使心理状态更为稳定，进而减少消极情绪的不良影响（Wei et al.，2019）。

其次，团队心理安全感作为组织支持资源，能够为员工提供恢复心理资源的机会（Througakos et al，2008），补充因焦虑所导致的资源损耗（Grandey et al，2013），从而确保个人拥有充足的资源投入到后续工作中，有利于提升工作投入（Lin and Johnson，2015），帮助员工积极主动地协调各种资源以应对工作中的挑战，进而激发员工在工作中的生产力和创造力（Amabile，1993）。同时，焦虑作为一种负面情绪，会消耗员工的认知资源（Weiss and Cropanzano，1996），减少员工可用于创新的认知资源。在团队心理安全感水平较高的环境中，团队成员较少感知到人际风险，成员之间能够坦诚相待（Grandey et al，2013），有效降低员工因控制焦虑而消耗的自我控制资源，从而提升工作绩效（Througakos et al，2008）；而在团队心理安全感水平较低的环境中，团队成员可能产生较多的人际风险感知，倾向于压抑情感表达，导致自我控制资源的更多消耗，影响其在后续任务中的表现（Goldberg and Grandey，2007）。

最后,研究表明,消极情绪(包括职场焦虑)会降低团队成员之间人际关系的质量(Tse et al.,2008),导致员工担心自由表达焦虑可能带来不确定的人际风险。因此,那些经历职场焦虑的员工倾向于抑制情绪表达,以避免可能引发的不必要的团队人际风险,从而保护自我控制资源,防止自我控制能力的后续不足,这对工作投入产生负面影响(Lin and Johnson,2015),并抑制了任务绩效和创新绩效。基于此,本研究提出以下假设。

H3a:团队心理安全感在职场焦虑与任务绩效之间起跨层次的调节作用。团队心理安全感越低,职场焦虑对任务绩效的影响越强烈。

H3b:团队心理安全感在职场焦虑与创新绩效之间起跨层次的调节作用。团队心理安全感越低,职场焦虑对创新绩效的影响越强烈。

5.2.4　被调节的中介作用

基于假设 H2a、H2b、H3a 和 H3b,本研究提出自利型领导通过职场焦虑对员工绩效的影响受到团队心理安全感的调节作用。在团队心理安全感较高的情况下,团队成员之间更易形成积极的互动关系(Banks et al.,2014),从而减少因自利型领导引发的职场焦虑而产生的对人际风险的担忧。团队成员不必担心表达焦虑会招致同事的负面看法,这有助于缓解对潜在负面影响的恐惧(Moake et al.,2019)。此外,团队心理安全感作为一种组织支持资源,有助于弥补自利型领导行为所导致的团队成员焦虑所造成的资源损耗(Grandey et al.,2013),使团队成员能够将更多资源投入到工作中,进而提高员工的生产力和创造力(Amabile,1993)。相反,当团队心理安全感水平较低时,团队成员会担心表达由领导的自利行为所引发的负面情绪会带来过多的人际风险,因此会主动抑制情绪表达,消耗自我控制资源。同时,由自利型领导引发的团队成员职场焦虑会促使员工将个人资源集中于焦虑的源头,减少对工作的思考(Eysenck et al.,2007),降低后续工作中的资源投入

（Weiss and Cropanzano,1996），从而对员工绩效产生不利影响:一方面,资源不足时不利于员工的工作投入和工作主动性,削弱了员工的内在动机（Bakker et al.,2007），从而降低员工的任务绩效;另一方面,导致员工采用更简单的认知策略,倾向于产生平庸的想法（孙健敏等,2018），抑制了团队成员的创新行为。因此,本研究提出以下假设。

H4a:团队心理安全感调节了自利型领导与员工的任务绩效之间的关系。团队心理安全感越高,自利型领导通过职场焦虑对员工的任务绩效的中介效应就越弱。

H4b:团队心理安全感调节了自利型领导与员工的创新绩效之间的关系。团队心理安全感越高,自利型领导通过职场焦虑对员工的创新绩效的中介效应就越弱。

本章的研究框架,如图5-1所示。

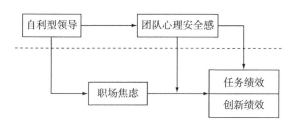

图5-1　本章的研究框架

5.3　研究方法

5.3.1　研究样本

本研究的问卷调查对象及流程与3.3.1节所述保持一致。为了保证问卷的匹配性,首先,由联系人对团队和员工进行编码,以便将团队领导的问卷与团队员工的问卷进行对接,确保问卷的配对成功（如团队01,成员1为

011,团队成员2为012……)。其次,由员工填写其感知到的领导风格(T1问卷),同时填写员工的个人背景信息。T1时间点共向108个团队发放T1问卷540份,获得102个团队员工问卷466份;约两周后,由员工对组织认同和责任知觉进行评价(T2问卷),发放T2问卷466份,获得96个团队的T2问卷418份;再过约两周,由团队领导对员工绩效进行评价(T3问卷),同时填写团队信息,向96位团队领导发放评价员工绩效问卷418份,88位团队领导返回对405名员工的评价问卷。问卷全部回收后,研究人员对规律性填写、核心研究变量的数据缺失严重和团队人数不足三人的问卷进行删除,最终获得员工有效问卷共计392份,有效回收率为72.59%,团队领导有效问卷共计86份,有效回收率为89.58%。在392名员工中,女性占比为58.2%;绝大多数被试具有专科及本科学历,占比为78.8%。样本的描述性统计结果,见表3-1所示。

5.3.2　研究工具

为便于被试填写,调查问卷中除控制变量外,所有题项的表述均采用李克特5级评价量表,1~5分别代表"非常不同意""有些不同意""不好确定""有些同意""非常同意"。

1．自利型领导

本书运用了自利型领导量表,该量表由团队成员对团队领导的自利行为进行评估(Camps et al.,2012)。该量表包含四个项目,如"我的领导为了提高自己在公司的地位会伪造事实""我的领导使用公司资源为自己获利"等。在本研究中,自利型领导的Cronbach's α 系数为0.93。

2．团队心理安全感

本研究在进行调查研究时,采用了先前文献中所开发的心理安全量表,该量表由员工对团队心理安全感氛围进行评估(Edmondson,1999)。该量表包含7个题项，如"在我的团队中，即使我犯了错，团队成员也不会对我有意见""在我的团队中，成员可以提出问题及难题"。在本研究中，团队心理安全感的 Cronbach's α 系数为0.90。

3. 职场焦虑

本研究采用了职场焦虑量表，该量表由员工进行自我评估（Kouchakiet al., 2015）。该量表包含2个题项，具体为"在工作中，我感到焦虑""在工作中，我感到紧张"。在本研究中，职场焦虑量表的 Cronbach's α 系数为0.92。

4. 任务绩效

本研究在进行调查时采用了任务绩效量表，要求团队领导者根据实际情况对3~5名员工的任务绩效进行评价（Williams and Anderson, 1991）。该量表包含4个题项，如"该员工充分完成他/她的任务""该员工符合所在职位的绩效要求"等。在本研究中，任务绩效的 Cronbach's α 系数为0.95。

5. 创新绩效

本书调查研究使用了创新绩效量表，要求团队领导根据实际情况评价3~5名员工的创新绩效（Scott and Bruce, 1994）。该量表由包含6个题项，如"该员工经常提出有创意的点子和想法""该员工经常与别人沟通并推销自己的新想法"等。在本研究中，创新绩效的 Cronbach's α 系数为0.94。

6. 控制变量

为避免一些变量对研究结论的干扰，本书参考一些研究做法，对个体层面的员工人口统计信息，如性别、年龄、受教育程度、员工的工作年限、与领导的共事时间，以及对团队层面的团队规模等进行了控制。此外，我们将性别、年龄、受教育程度、工作年限、与领导的共事时间都进行了虚拟化处理，具体如下。性别：1=男性，0=女性；年龄：1=小于等于25；2=26~35岁；3=36~45岁；4=大于等于46岁；教育水平：1=初中及以下；2=高中（职高）；3=专科及本科；4=硕士研究生及以上；在本企业工作年限：1=小于等于5年；2=6~

10年;3=11~20年;4=大于等于21年;与领导的共事时间:1=小于等于2年;2=3~5年;3=6~10年;4=大于等于11年;团队规模等:1=小于等于4人;2=5~9人;3=10~14人;4=15人及以上。本章主要变量的测量信息如表5-1所示。

表5-1   本章主要变量的测量

变量	题项数/个	测量层面	测量方式	测量时间
自利型领导	4	团队层面	员工评价	T1
团队心理安全感	7	团队层面	员工评价	T2
职场焦虑	2	员工层面	员工评价	T2
任务绩效	4	员工层面	领导评价	T3
创新绩效	6	员工层面	领导评价	T3

5.3.3   统计分析方法

本研究运用SPSS 23.0、AMOS 24.0、HLM 6.08及R 3.6.3四种工具进行了相应的统计分析。首先,通过Cronbach's α 系数和验证性因子分析对模型变量的信度和效度进行了评估;其次,对团队层面的变量进行了聚合度分析;再次,运用Harman单因子法对变量的共同方法偏差进行了检测;此外,通过描述性统计和相关系数分析初步判断了变量的总体状况及其相互之间的关联性;最后,本研究采用层次线性模型对研究假设进行了验证。另外,本研究还利用R语言,通过蒙特卡罗法对跨层次中介效应和调节效应进行了检验。

本研究所构建的模型采用多层次模型,主要基于以下三个方面的考虑。第一,在理论层面,团队领导作为"氛围工程师"对员工行为具有显著影响(Kozlowski和Doherty,1989)。已有研究揭示了自利型领导在团队层面的作用机制(Penget al.,2019),因此,本研究将模型设计为多层次研究。第二,在数据收集方面，我们所收集的问卷数据属于聚类抽样，呈现出嵌套性。第三，在实证统计方面，不应忽视聚合效应对回归结果的干扰（温福星和邱皓政，2009）。

在进行HLM检验的过程中，本研究遵循霍夫曼与加文（1998）及恩德斯与托菲吉（2007）的研究建议，对构建的模型中的主效应和中介效应进行了检验。在此过程中，对个体层面和团队层面的变量实施了总平均数中心化处理。而在进行调节效应检验时，则对个体层次的变量进行了组别平均数中心化处理，并对团队层次的变量实施了总平均数中心化处理。

5.4 数据分析与假设检验

5.4.1 信度检验分析

本研究采用Cronbach's α系数对变量的信度进行了检验，当Cronbach's α系数超过0.70时，即可认定量表具备良好的内部一致性。如表5-2所展示，自利型领导、团队心理安全感、职场焦虑、任务绩效及创新绩效的Cronbach's α值分别为0.93、0.90、0.92、0.95和0.94，均高于0.70的阈值，表明这些量表均具有良好的信度。

表5-2 信度分析结果

变量	题项	删除该题项后量表均值	删除该题项后量表方差	CITC	删除该题项后量表Crobanch's α	Crobanch's α
自利型领导	自利型领导1	5.77	10.74	0.81	0.92	0.93
	自利型领导2	5.69	10.25	0.89	0.90	
	自利型领导3	5.70	10.71	0.84	0.91	
	自利型领导4	5.85	11.20	0.84	0.92	

续表

变量	题项	删除该题项后量表均值	删除该题项后量表方差	CITC	删除该题项后量表Crobanch's α	Crobanch's α
团队心理安全感	团队心理安全感1	22.63	23.84	0.61	0.90	0.90
	团队心理安全感2	22.16	23.10	0.77	0.88	
	团队心理安全感3	22.23	22.34	0.80	0.88	
	团队心理安全感4	22.43	23.58	0.65	0.90	
	团队心理安全感5	22.04	23.91	0.72	0.89	
	团队心理安全感6	22.03	23.49	0.71	0.89	
	团队心理安全感7	22.27	22.50	0.75	0.89	
职场焦虑	职场焦虑1	2.64	1.49	0.85		0.92
	职场焦虑2	2.74	1.55	0.85		
任务绩效	任务绩效1	12.89	5.35	0.88	0.94	0.95
	任务绩效2	12.85	5.53	0.90	0.93	
	任务绩效3	12.86	5.49	0.88	0.94	0.95
	任务绩效4	12.86	5.30	0.87	0.94	
创新绩效	创新绩效1	18.54	18.66	0.83	0.93	0.94
	创新绩效2	18.57	18.25	0.85	0.93	
	创新绩效3	18.63	18.62	0.82	0.93	
	创新绩效4	18.62	18.72	0.81	0.93	
	创新绩效5	18.55	18.57	0.82	0.93	
	创新绩效6	18.54	18.58	0.83	0.93	

5.4.2 聚合效度和区分效度分析

本研究采用两种方法对研究量表的聚合效度与区分效度进行了检验。首先,对研究的基准模型展开了验证性因子分析,并与替代模型进行了对比分析。表5-3展示了经过验证性因子分析后得到的结果。

表 5-3 验证性因子分析结果

模型	因子	χ^2	df	CFI	TLI	RMSEA	SRMR
1	五因子基准模型	406.19	220	0.98	0.97	0.05	0.03
2	四因子模型 1	1968.69	224	0.76	0.73	0.14	0.13
3	四因子模型 2	938.08	224	0.90	0.89	0.09	0.08
4	三因子模型 1	2439.78	227	0.70	0.66	0.16	0.138
5	三因子模型 2	3279.90	227	0.58	0.54	0.19	0.19
6	二因子模型	3571.21	229	0.55	0.50	0.19	0.17
7	一因子模型	4898.71	230	0.36	0.30	0.23	0.20

其中，以五因子模型作为基准模型。基于此基准模型，本研究对六种可替代模型进行了详尽的比较分析：①四因子模型 1（将任务绩效与创新绩效合并为单一因子）；②四因子模型 2（将团队心理安全感与职场焦虑合并为单一因子）；③三因子模型 1（将职场焦虑、任务绩效和创新绩效合并为单一因子）；④三因子模型 2（将团队心理安全感、任务绩效和创新绩效合并为单一因子）；⑤二因子模型（将自利型领导、团队心理安全感和职场焦虑合并为一个因子，同时将任务绩效和创新绩效合并为另一个因子）；⑥一因子模型（将所有变量合并为单一因子）。随后，本研究将五因子模型与其他备选模型进行了拟合优度的比较。从表 5-4 中可以观察到，五因子基准模型的拟合指标均优于既定标准（$\chi^2 = 406.19$，df = 220，RMSEA=0.05，TLI=0.97，CFI=0.98，SRMR=0.03），并且这些指标也超越了其他六种替代模型。这表明，五个变量具有良好的聚合效度和区分效度。

其次，依照验证性因子分析计算模型变量的标准化因子载荷、组合信度和平均方差萃取量，如表 5-4 所示。

表 5-4　标准化因子载荷、组合信度及平均方差萃取量

变量	题项	标准化因子载荷	组合信度	平均方差萃取量
自利型领导	自利型领导 1	0.84	0.93	0.78
	自利型领导 2	0.94		
	自利型领导 3	0.89		
	自利型领导 4	0.87		
团队心理安全感	团队心理安全感 1	0.62	0.91	0.58
	团队心理安全感 2	0.83		
	团队心理安全感 3	0.85		
	团队心理安全感 4	0.67		
	团队心理安全感 5	0.77		
团队心理安全感	团队心理安全感 6	0.77	0.91	0.58
	团队心理安全感 7	0.80		
职场焦虑	职场焦虑 1	0.94	0.92	0.85
	职场焦虑 2	0.90		
任务绩效	任务绩效 1	0.92	0.95	0.83
	任务绩效 2	0.93		
	任务绩效 3	0.91		
	任务绩效 4	0.90		
创新绩效	创新绩效 1	0.86	0.94	0.73
	创新绩效 2	0.88		
	创新绩效 3	0.85		
	创新绩效 4	0.84		
	创新绩效 5	0.85		
	创新绩效 6	0.86		

根据表 5-4 显示，自利型领导、团队心理安全感、职场焦虑、任务绩效及创新绩效的平均方差萃取量分别为 0.78、0.58、0.85、0.83 和 0.73，均高于 0.5；

同时，自利型领导（0.84~0.94）、团队心理安全感（0.62~0.85）、职场焦虑（0.90~0.94）、任务绩效（0.90~0.93）和创新绩效（0.84~0.88）的各题项标准化因子载荷均超过0.5；最终，自利型领导、团队心理安全感、职场焦虑、任务绩效和创新绩效的组合信度分别为0.93、0.91、0.92、0.95和0.94，均高于0.7。由此可见，测量量表具备良好的聚合效度。此外，通过HTMT检验各变量之间的区分效度，若任意两变量之间的HTMT值小于0.85，则表明变量间具有良好的区分效度（Henseler et al.，2015）。表5-5显示，所有变量间的HTMT值均低于0.85，表明本研究中的所有变量均展现出充分的区分度。

表5-5　HTMT检验结果

变量	自利型领导	职场焦虑	团队心理安全感	任务绩效
职场焦虑	0.28			
团队心理安全感	0.44	0.23		
任务绩效	0.32	0.30	0.23	
创新绩效	0.33	0.33	0.37	0.25

5.4.3　数据汇聚性分析

在本研究中，团队层面的变量包括自利型领导和团队心理安全感，这些变量由团队成员进行评估。然而，本研究需从团队层面的视角审视这些变量，因此必须验证个体评价的变量数据是否符合聚合至团队层面的条件。为此，本研究采用ICC（1）、ICC（2）及Rwg这三个不同的指标来检验数据的聚合度。

在判断ICC1和ICC2之前，先进行单因素ANOVA检验，然后根据詹姆斯等（James et al.，1984）的建议，本研究判断收集的个体数据的能否进行聚合。自利型领导[$F(85,306)=6.84$]和团队心理安全感[$F(85,306)=5.48$]的ICC

（1）分别为 0.56 和 0.5；自利型领导行为和团队心理安全感的 ICC（2）值分别为 0.85 和 0.82；自利型领导行为和团队心理安全感的 Rwg 均值分别为 0.81 和 0.9，均超过了 0.7 的阈值。因此，分析结果支持将员工的个体评估数据汇总至团队层面，详见表 5-6。

表 5-6　团队层面变量数据聚合分析结果

变量	Rwg 均值	One-Way ANOVA	ICC（1）	ICC（2）
自利型领导	0.81	6.84***	0.56	0.85
团队心理安全感	0.90	5.48***	0.50	0.82

***$p < 0.001$。

5.4.4　共同方法偏差

本研究采取了两种方式以尽可能降低共同方法偏差对研究结果的负面影响。首先，通过两个不同的来源收集数据。本研究采用团队主管与员工两个不同的主体进行问卷调查，能够在一定程度上缓解同源数据采集所存在的共同方法偏差的干扰。其次，采用多时间点收集数据。本研究设计了在三个时间点（T1、T2 和 T3）进行问卷调查。具体而言，自利型领导的数据采集于 T1 时间点，团队心理安全感和职场焦虑的数据采集于 T2 时间点，员工的任务绩效和创新绩效的数据采集于 T3 时间点，这有助于减轻共同方法偏差的不良影响（Podsakoff et al.，2012）。

在本研究中，自利型领导、团队心理安全感及职场焦虑的评价均由员工完成。尽管本研究采取了多种措施以减少同源方差的影响，但仍然存在可能干扰研究结果的因素。因此，我们遵循周浩和龙立荣（2004）的建议，采用 Harman 单因子法来评估共同方法偏差的程度，并将研究模型涉及的所有变量题项纳入因子分析中。分析结果显示，经过探索性因子分析后，所有题项能够析出5个特征根大于1的因子，累计方差贡献率达到77.99%。此外，第一主成分解释的方差为35.11%，低于40%的判定标准，这初步表明本研究中的共同方法偏差干扰处于可接受范围内。参考张叶军等（2022）的建议，若一因子模型的CFA拟合结果不符合标准，或者在备选的替代模型中拟合效果最差，则表明共同方法偏差问题不严重。CFA结果显示，一因子模型的数据拟合效果极差（$\chi^2 = 4898.71$，df=230，CFI=0.36，TLI=0.3，RMSEA=0.23，SRMR=0.20）；相比之下，五因子基准模型的拟合优度良好（$\chi^2 = 406.19$，df=220，CFI=0.98，TLI=0.97，RMSEA=0.05，SRMR=0.03）。这一结果进一步证实了本研究中共同方法偏差的干扰是可控的。

5.4.5　描述性统计及相关分析

表5-7显示了变量的平均值、标准差及变量之间的相关系数。其中，自利型领导与团队心理安全感显著负相关（$r = -0.52, p < 0.01$），职场焦虑与员工的任务绩效和创新绩效具有负相关关系（$r = -0.28, p < 0.01; r = -0.31, p < 0.01$）（表5-7）。

表5-7　描述统计量与相关系数

	变量	平均值	标准差	1	2	3	4	5	6	7
员工层面	性别	0.42	0.49							
	年龄	2.15	0.66	0.13*						
	学历	3.13	0.46	0.02	−0.16**					
	工龄	1.61	0.82	0.05	0.62**	−0.16**				
	与领导共事时间	1.75	0.84	0.03	0.39**	−0.16**	0.53**			
	职场焦虑（T2）	2.69	1.18	−0.03	−0.05	0.05	−0.06	−0.03		

变量		平均值	标准差	1	2	3	4	5	6	7
员工层面	任务绩效（T3）	4.29	0.77	−0.06	0.08	−0.06	0.04	0.04	−0.28**	
	创新绩效（T3）	3.71	0.86	0.06	0.03	0.03	−0.01	−0.01	−0.31**	0.24**
团队层面	团队规模	2.10	0.53							
	自利型领导（T1）	1.92	0.88	−0.06						
	团队心理安全感（T2）	3.70	0.63	0.16	−0.52**					

注：员工层面样本数 N = 392，团队层面样本数 n = 86；T1=时间点 1，T2=时间点 2，T3=时间点 3。

*p < 0.05，**p < 0.01。

5.4.6 跨层次回归分析

1. 零模型检验

在进行假设检验之前，首先需要通过零模型来确定因变量的组间方差与组内方差，以评估因变量组间方差是否满足特定标准（如 ICC（1）>0.12），从而判断是否适宜进行跨层次分析。本研究以职场焦虑、任务绩效和创新绩效作为因变量，构建了排除其他变量干扰的零模型，并基于此模型检验了组内方差和组间方差。如表 5-8 和表 5-9 所示，职场焦虑的组内方差 δ^2、组

间方差 $\tau00$ 分别为 0.99 和 0.41 $[\chi^2(85) = 245.81, p = 0 < 0.001]$ ，ICC(1)值为 0.293，表明职场焦虑总方差变异中有 29.29% 源自组间方差；任务绩效的组内方差 δ^2 、组间方差 $\tau00$ 分别为 0.32 和 0.29 $[\chi^2(85) = 416.31, p = 0 < 0.001]$ ，ICC(1)值为 0.4754，说明任务绩效总方差变异中有 47.54% 源自组间方差；创新绩效的组内方差 δ^2 、组间方差 $\tau00$ 分别为 0.34 和 0.4 $[\chi^2(85) = 550.50, p = 0 < 0.001]$ ，ICC(1)值为 0.5405，表明创新绩效总方差变异中有 54.05% 源自组间方差。据此，可以得出结论，在本研究进行跨层次分析是可行的。

2. 团队心理安全感的跨层次中介效应检验

第一，对自变量（自利型领导）与中介变量（团队心理安全感）之间的关系进行检验。鉴于自利型领导与团队心理安全感均为团队层面变量，本研究采用 SPSS 23.0 软件对二者之间的关系进行了分析。在对团队规模进行控制后，发现自利型领导与团队心理安全感之间存在显著的负相关性（$\gamma = -0.36, p < 0.001$）。

第二，本研究旨在验证中介变量（团队心理安全感）与因变量（任务绩效和创新绩效）之间的关系。如表5-8所示，模型 M3 在零模型 2 的基础上纳入了所有控制变量进行回归分析；模型 M6 则在模型 M3 的基础上进一步加入了团队心理安全感变量。分析结果显示，团队心理安全感与任务绩效之间存在显著的正相关关系（$\gamma = 0.47, p < 0.001$）。同样地，如表5-9所示，模型 M9 在零模型 3 的基础上纳入了所有控制变量进行回归分析；模型 M12 在模型 M9 的基础上，进一步将团队心理安全感纳入模型，分析结果表明，团队心理安全感对创新绩效具有显著的正向影响（$\gamma = 0.60, p < 0.001$）。

第三，本研究旨在验证自变量（自利型领导）对因变量（任务绩效和创新绩效）的直接影响。如表5-8所示，模型 M4 在模型 M3 的基础上加入了自利型领导变量，分析结果显示，自利型领导对任务绩效具有显著的负向影响（$\gamma = -0.31, p < 0.001$），这表明自利型领导在跨层次分析中显著地对任务绩

效产生负面影响;同样地,如表5-9所示,模型M10在模型M9的基础上加入了自变量(自利型领导)进行检验,结果表明,自利型领导对创新绩效存在显著的消极影响($\gamma = -0.35, p < 0.001$),这说明自利型领导在跨层次分析中显著地对创新绩效产生负面影响。

第四,团队心理安全感的跨层次中介作用检验。如表5-8所示,模型M7在模型M4的基础上加入了中介变量(团队心理安全感和职场焦虑)后,自利型领导对任务绩效的负向影响依然显著($\gamma = -0.17, p < 0.05$),但相较于M4,影响程度有所降低($\gamma = -0.31, p < 0.001$)。同时,团队心理安全感与任务绩效之间的关系也显著($\gamma = 0.31, p < 0.05$)。因此,可以得出结论,团队心理安全感在自利型领导与任务绩效的关系之间起到了部分中介作用。同理,如表5-9所示,模型M13在模型M10的基础上加入了中介变量(团队心理安全感和职场焦虑)后,自利型领导对创新绩效的影响效应依然显著($\gamma = -0.16, p < 0.05$),但相较于模型M10,影响系数有所降低($\gamma = -0.35, p < 0.001$)。同时,团队心理安全感对创新绩效的影响效应也显著($\gamma = 0.43, p < 0.001$),表明团队心理安全感在自利型领导与创新绩效的关系中起到了部分中介作用。

本研究采用蒙特卡罗方法验证了团队心理安全感的跨层次中介效应,结果表明团队心理安全感在自利型领导对任务绩效和创新绩效的影响过程中发挥着中介作用,效应值分别为-0.12和-0.17,其95%置信区间分别为[-0.24, -0.02]和[-0.29, -0.07],均不包含0。据此,假设H1a和H1b得到了支持。

3. 职场焦虑的跨层次中介效应检验

第一,检验自变量(自利型领导)与中介变量(职场焦虑)之间的关系。如表5-8所示,模型M1在零模型1的基础上纳入了所有控制变量;模型M2则在模型M1的基础上进一步纳入了自利型领导变量进行回归分析。分析结果显示，自利型领导与职场焦虑（$\gamma = 0.42, p < 0.001$）之间存在显著的正相关关系。

第二，检验中介变量（职场焦虑）对因变量（任务绩效和创新绩效）的影响。如表5-9所示，模型M3在零模型2的基础上将全部控制变量纳入回归分析；模型M5在模型M3的基础上加入了中介变量（职场焦虑）。分析结果表明，职场焦虑对任务绩效具有显著的负向影响（$\gamma = -0.09, p < 0.01$），揭示了职场焦虑对任务绩效的显著负面影响。同样地，如表5-10所示，模型M9在零模型3的基础上将全部控制变量纳入模型；模型M11在模型M9的基础上加入了中介变量（职场焦虑）。分析结果显示，职场焦虑对创新绩效具有显著的负向影响（$\gamma = -0.10, p < 0.01$），进一步证实了职场焦虑对创新绩效的显著负面影响。

第三，检验自变量（自利型领导）对因变量（任务绩效和创新绩效）的主效应。如表5-8所示，模型M4在模型M3的基础上将自利型领导纳入模型，分析结果显示，自利型领导对任务绩效产生了显著的负向影响（$\gamma = -0.31, p < 0.001$），这表明自利型领导在跨层次分析中显著地对任务绩效产生了负面影响；如表5-9所示，模型M10在M9的基础上加入了自利型领导，分析结果表明，自利型领导对创新绩效具有显著的负向预测作用（$\gamma = -0.35, p < 0.001$），这说明自利型领导在跨层次分析中显著地对创新绩效产生了负面影响。

第四，检验职场焦虑的跨层次中介效应。如表5-8所示，模型M7在模型M4的基础上将中介变量（团队心理安全感和职场焦虑）纳入回归后，自利型领导对任务绩效的影响显著（$\gamma = -0.17, p < 0.05$），但影响较模型M4有所降低（$\gamma = -0.31, p < 0.001$）。同时，职场焦虑对任务绩效的影响效应也显著（$\gamma = -0.07, p < 0.05$），表明职场焦虑在自利型领导与任务绩效的关系中起部分中介作用。同样，如表5-9所示，模型M13在模型M10的基础上将中介

173

变量,即团队心理安全感和职场焦虑纳入模型,自利型领导对创新绩效的影响显著($\gamma = -0.16, p < 0.05$),但影响较模型 M10 有所降低($\gamma = -0.35, p < 0.001$)。同时,职场焦虑对创新绩效的影响效应也显著($\gamma = -0.08, p < 0.05$),表明职场焦虑在自利型领导与创新绩效的关系中发挥着部分中介效应。

本研究通过蒙特卡罗方法进一步验证职场焦虑的跨层中介效应,结果表明团队层面的自利型领导倾向通过职场焦虑影响任务绩效和创新绩效,效应值分别为 -0.12 和 -0.22,其 95% 置信区间分别为 $[-0.24, -0.02]$ 和 $[-0.44, -0.05]$,均不包含 0。由此,假设 H2a 和 H2b 得到支持。

4. 团队心理安全感的跨层次调节效应检验

将员工绩效(包括任务绩效与创新绩效)作为因变量,随后依次纳入变量以检验调节效应,分析结果详见表 5-10。

第一,检验团队心理安全感对职场焦虑与任务绩效关系的跨层次调节作用。模型 M15 在模型 M3 的基础上引入了自变量(职场焦虑)和调节变量(团队心理安全感),研究结果表明,职场焦虑对任务绩效的负向影响是显著的($\gamma = -0.08, p < 0.05$),而团队心理安全感对任务绩效的正向影响也是显著的($\gamma = 0.43, p < 0.001$)。模型 M16 在模型 M15 的基础上进一步考虑了职场焦虑与团队心理安全感的交互作用,将交互项(职场焦虑×团队心理安全感)纳入回归分析。结果显示,交互项对任务绩效的影响并不显著($\gamma = -0.04, \text{n.s.}$),这表明团队心理安全感在职场焦虑与任务绩效的关系中并未起到调节作用。因此,H3a 未获得支持。

表5-8　团队心理安全感和职场焦虑对自利型领导与任务绩效的中介效应

	变量	职场焦虑			任务绩效					
		零模型1	模型M1	模型M2	零模型2	模型M3	模型M4	模型M5	模型M6	模型M7
	截距	2.69***	2.69***	2.69***	4.28***	4.28***	4.28***	4.28***	4.28***	4.28***
员工层面	性别		−0.03	−0.05		−0.15	−0.14*	−0.15*	−0.17*	−0.15*
	年龄		−0.07	−0.06		0.04	0.05	0.04	0.06	0.05
	学历		0.10	0.05		−0.09	−0.07	−0.08	−0.08	−0.07
	工龄		0	0		−0.02	−0.03	−0.02	−0.04	−0.04
	与领导共事时间		0.02	0.01		0.05	0.06	0.05	0.08	0.07
	职场焦虑							−0.09**		−0.07*
团队层面	团队规模		−0.24	−0.21		0.20	0.17	0.18	0.11	0.11
	自利型领导			0.42***			−0.31***			−0.17*
	团队心理安全感								0.47***	0.31*
方差分解	组内方差 σ^2	0.99	1.00	1.00	0.32	0.32	0.32	0.32	0.32	0.32
	组间方差 τ_{00}	0.41	0.41	0.27	0.29	0.29	0.22	0.26	0.21	0.18
	chi-square	245.81	235.69	183.90	416.31	414.22	325.51	374.07	326.6	289.13
	Deviance	1201.45	1213.47	1197.76	809.08	819.57	805.76	817.79	802.28	799.57

注：员工层面样本数 $N=392$，团队层面样本数 $n=86$。

$*p<0.05$，$**p<0.01$，$***p<0.001$。

表5-9 团队心理安全感和职场焦虑对自利型领导与创新绩效的中介效应

	变量	职场焦虑			创新绩效					
		零模型1	模型M1	模型M2	零模型3	模型M9	模型M10	模型M11	模型M12	模型M13
	截距	2.69***	2.69***	2.69***	3.71***	371***	3.71***	3.71***	3.71***	3.71***
员工层面	性别		-0.03	-0.05		0.02	0.04	0.02	0.01	0.02
	年龄		-0.07	-0.06		0.07	0.07	0.06	0.07	0.07
	学历		0.10	0.05		0.09	0.11	0.10	0.10	0.11
	工龄		0	0		-0.04	-0.05	-0.04	-0.06	-0.06
	与领导共事时间		0.02	0.01		0.01	0.02	0.02	0.05	0.04
	职场焦虑							-0.10**		-0.08*
团队层面	团队规模		-0.24	-0.21		0.19	0.15	0.16	0.07	0.07
	自利型领导			0.42***			-0.35***			-0.16*
	团队心理安全感								0.60***	0.43***
方差分解	组内方差 σ^2	0.99	1.00	1.00	0.34	0.34	0.34	0.34	0.34	0.33
	组间方差 τ_{00}	0.41	0.41	0.27	0.40	0.40	0.31	0.35	0.27	0.24
	chi-square	245.81	235.69	183.90	550.50	538.50	431.83	485.50	387.45	352.38
	Deviance	1201.45	1213.47	1197.76	843.64	860.13	845.72	856.55	836.23	832.77

注：个体层面样本数 $N=392$，团队层面样本数 $n=86$。

$*p<0.05$，$**p<0.01$，$***p<0.001$。

表5-10　团队心理安全感的跨层次调节效应检验结果

变量		任务绩效			创新绩效		
		模型M3	模型M15	模型M16	模型M9	模型M17	模型M18
截距		4.28***	4.28***	4.28***	371***	3.71***	3.71***
员工层面	性别	−0.15	−0.17*	−0.16	0.02	0.01	0
	年龄	0.04	0.05	0.02	0.07	0.07	0.06
	学历	−0.09	−0.08	−0.10	0.10	0.10	0.13
	工龄	−0.02	−0.04	−0.02	−0.04	−0.06	−0.03
	与领导共事时间	0.05	0.08	0.06	0.01	0.05	0.04
	职场焦虑		−0.08*	−0.05		−0.09*	−0.06
团队层面	团队规模	0.20	0.10	0.11	0.19	0.06	0.08
	团队心理安全感		0.43**	0.44**		0.55***	0.59***
	职场焦虑×团队心理安全感			−0.04			0.19*
	方差分解						
	组内方差 σ^2	0.32	0.32	0.32	0.34	0.33	0.32
	组间方差 τoo	0.29	0.20	0.22	0.40	0.25	0.27
	chi-square	414.22	309.01	339.44	538.50	365.22	409.04
	Deviance	819.57	799.38	810.75	860.13	831.61	830.01

注:员工层面样本数 $N = 392$,团队层面样本数 $n = 86$。

$*p < 0.05, **p < 0.01, ***p < 0.001$。

第二,检验团队心理安全感对职场焦虑与创新绩效关系的跨层次调节作用。在模型M9的基础上,模型M17引入了自变量(职场焦虑)和调节变量(团队心理安全感)。研究结果表明,职场焦虑对创新绩效具有显著的负向影响($\gamma = -0.09, p < 0.05$),而团队心理安全感对创新绩效则表现出显著的正向影响($\gamma = 0.55, p < 0.001$)。进一步地,模型M18在模型M17的基础上增加了自变量与调节变量的交互项。层次线性模型分析显示,该交互项对

创新绩效具有正向且显著的影响($\gamma = 0.19, p < 0.05$),这表明团队心理安全感能够减弱职场焦虑对创新绩效的负面影响。因此,假设 H3b 得到了验证。

本研究运用蒙特卡罗方法对被调节的中介效应进行了深入验证。如表 5-11 所示,当团队展现出较高的心理安全感时,其 95% 置信区间为 [−0.02,0.06])包含 0,这表明研究假设中所指的被调节的中介效应并不存在;相对地,当团队心理安全感水平较低时,95% 置信区间为 [−0.11, −0.01])不包含 0,这说明被调节的中介效应是存在的。进一步地,当团队心理安全感水平存在一个标准差的差异时,中介效应差异值的 95% 置信区间为 [0.01, 0.16] 同样不包含 0,这表明团队心理安全感在职场焦虑与自利型领导对创新绩效关系中起到了调节作用。基于此,假设 H4b 得到了支持。

表 5-11　被调节的中介效应及蒙特卡罗检验结果

变量	团队心理安全感	效应值	95% 置信区间
创新绩效	高团队心理安全感(+1 SD)	0.02	[−0.02,0.06]
	低团队心理安全感(−1 SD)	−0.05	[−0.11,−0.01]
	差异值	0.07	[0.01,0.16]

为深入探讨团队心理安全感在职场焦虑与创新绩效关系中的调节作用,本研究遵循艾肯和韦斯特(1991)的建议,采用简单斜率分析法,通过选取团队心理安全感的均值加减一个标准差,将样本分为高团队心理安全感组和低心理安全感组,并据此绘制了图 5-2。图 5-2 揭示,在低团队心理安全感(低于一个标准差)的情境下,员工的职场焦虑对其创新绩效产生了显著的负向影响($r_1 = -0.17, p < 0.05$)。相对地,在高团队心理安全感(高于一个标准差)的情境下,这种正向影响较弱且不显著($r_2 = 0.06$, n.s.)。因此,假设 H4b 得到了支持。

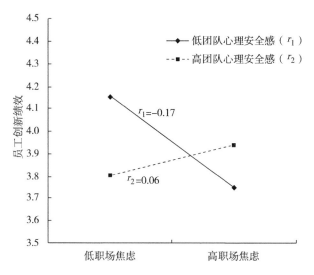

图 5-2　团队心理安全感对职场焦虑与创新绩效关系的调节效应

5.5　本章研究讨论及总结

本章在社会信息加工理论、资源保存理论及自我损耗理论的基础上，构建了一个自利型领导对员工绩效（包括任务绩效与创新绩效）产生跨层次影响的机制模型。研究结果表明，自利型领导显著削弱团队心理安全感，并对员工的职场焦虑产生显著的正面影响。此外，团队心理安全感与职场焦虑在自利型领导与员工绩效之间的跨层次关系中起到了部分中介作用；团队心理安全感在调节职场焦虑对创新绩效的影响过程中发挥了作用，但在调节职场焦虑对任务绩效影响的过程中作用不显著。进一步地，团队心理安全感在职场焦虑对自利型领导与创新绩效关系的中介作用中起到了跨层次的调节作用，但在调节职场焦虑在自利型领导与任务绩效关系中的中介作用时并未显示出显著性。本章的研究成果，如表 5-13。

表5-13　自利型领导对员工绩效的跨层次影响

研究假设	检验结果
H1a:团队心理安全感在自利型领导对员工的任务绩效之间具有跨层次中介作用	支持
H1b:团队心理安全感在自利型领导对员工的创新绩效之间具有跨层次中介作用	支持
H2a:职场焦虑在自利型领导与员工的任务绩效之间起跨层次的中介作用	支持
H2b:职场焦虑在自利型领导与员工的创新绩效之间起跨层次的中介作用	支持
H3a:团队心理安全感在职场焦虑与任务绩效之间起跨层次的调节作。团队心理安全感越低,职场焦虑对任务绩效的影响越强烈	不支持
H3b:团队心理安全感在职场焦虑与创新绩效之间起跨层次的调节作用。团队心理安全感越低,职场焦虑对创新绩效的影响越强烈	支持
H4a:团队心理安全感调节了自利型领导与员工的任务绩效之间的关系。团队心理安全感越高,自利型领导通过职场焦虑对员工的任务绩效的中介效应就越弱	不支持
H4b:团队心理安全感调节了自利型领导与员工的创新绩效之间的关系。团队心理安全感越高,自利型领导通过职场焦虑对员工的创新绩效的中介效应就越弱	支持

第6章　研究结论与未来研究展望

在当前逆全球化趋势日益显著的背景下,世界经济结构正经历着根本性的转变。为了适应世界经济格局的新动向,我国提出了推动经济体系优化升级的策略。在这一过程中,技术的快速进步为企业带来了机遇,同时也伴随着挑战。为了有效应对这些挑战,迫切需要组织充分激发员工的潜力,提升员工及团队的工作效能,以增强企业的可持续发展能力。鉴于领导者在组织中掌握着绩效评估、资源分配、职位晋升等关键决策权,领导行为成为影响员工行为进而影响团队成果的重要情境因素,尤其在重视人际关系和人情世故的本土环境中更是如此(卿涛等,2012)。众多学者从领导角度出发,研究领导与员工绩效之间的关系及其作用机制,他们的研究主要集中在建设型领导风格上,而对消极型或破坏型领导对团队绩效和员工绩效的影响探讨较少。因此,本书着重探讨自利型领导对团队绩效和员工绩效的影响及其作用机制,主要围绕三个核心问题展开:首先,在团队层面,自利型领导是否会对团队绩效产生影响?如果存在影响,其内在机制是什么?此外,自利型领导对团队绩效的影响是否受到团队权力距离的调节作用?其次,在个体层面,自利型领导是否会对员工绩效产生影响?如果存在影响,其内在机制是什么?同时,自利型领导对员工绩效的影响是否受到员工文化价值观的调节作用?最后,在组织情境层面,探讨自利型领导对员工绩效的影响是否受到团队心理安全感的调节作用。通过问卷调查收集的数据,本书实证检验了设计的三个理论模型,并得出了具有理论和实践意义的结论,丰富了相关理论成果。尽管如此,该研究领域仍存在一些待探讨的问题,未来需要进一步深入研究。

6.1　研究结论和讨论

本研究采用多层次理论分析框架,基于社会信息加工理论、社会认同理论、社会交换理论、自我资源损耗理论及资源保存理论,构建了自利型领导与团队绩效、员工绩效之间的层次线性模型,并利用对本土企业的实证数据对这三个理论模型进行了检验。

首先,本研究旨在通过构建层次线性模型,深入探讨自利型领导与团队绩效及员工绩效之间的相互关系。在当前的研究领域中,关于自利型领导作用机制的研究尚存空白,且大多数研究聚焦于个体层面。尽管现有研究结果揭示,自利型领导可能引发员工的心理创伤和负面情绪(Camps et al., 2012),抑制员工的合作意愿(Decoster et al., 2014),降低员工对领导的满意度及对领导的组织公民行为,促进员工的离职倾向(Ritzenhöfer et al., 2019)和反生产行为(Mao et al., 2019b),导致员工的报复倾向和对领导的偏差行为(Schyns and Schilling, 2013),同时对团队创造力产生消极影响(Peng et al., 2019)。然而,关于自利型领导对团队绩效及员工绩效影响的研究相对较少。本研究通过分析自利型领导与团队绩效及员工绩效的关系,并利用多时点的配对问卷,对自利型领导影响团队绩效及员工绩效的多层次机制进行了验证,从而丰富了自利型领导与团队绩效及员工绩效的理论研究成果。

其次,本书基于社会信息加工理论,深入探讨了自利型领导对团队绩效的影响及其潜在的中介机制。迄今为止,关于自利型领导的研究主要集中在对员工个体层面的影响,如对员工情绪、态度和行为的影响,而对自利型领导与团队结果变量之间关系的深入探讨尚显不足。随着社会经济的持续发展,组织所处的环境不断变化,为了适应新的环境,组织内部正在进行不断的变革。这种变革从强调员工个人的努力转向关注团队的整体水平,通过构建团队来实现组织的发展,进而提升组织绩效和竞争力(Kozlowski S W

J et al.,2003）。

领导角色也从激励下属以实现组织目标转变为激励团队来完成组织目标（Hackman，2002）。尽管领导行为对团队结果具有显著影响，但现有文献中关于领导行为与团队绩效之间的作用机制尚不充分，需要进一步深入探讨（Day et al.，2006）。因此，有必要对领导行为与团队绩效之间的作用机制进行研究。同时，现有研究中，大部分集中于积极的领导行为，如变革型领导与团队绩效的关系，而对消极型领导行为与团队绩效的关系缺乏深入研究。相对于建设性的领导行为，消极型领导行为对团队的过程和绩效有着更为显著的影响（Yukl，2013）。此外，杨晓等（2020）提出，应从团队层面探讨自利型领导对团队绩效的作用机制，以丰富自利型领导的作用效果、机制和边界条件的研究。因此，为了揭示自利型领导与团队绩效之间的关系及其中介机制，本书以社会信息加工理论为视角，考虑团队凝聚力的间接效应，从团队层面探讨了自利型领导影响过程的潜在机制。实证研究显示，自利型领导不利于团队凝聚力的形成，低水平的团队凝聚力加剧了自利型领导对团队绩效的负向影响；同时，鉴于当前关于团队绩效的前因研究大多集中于领导行为、团队过程等因素，而较少将文化因素纳入考量，本研究将文化价值观中重要衡量指标的权力距离也纳入考虑。实证分析表明，自利型领导与团队凝聚力的关系受到团队权力距离的调节作用，即相对于高水平权力距离的团队，低水平权力距离的团队对自利型领导与团队凝聚力之间的负面效应更为显著；自利型领导会通过团队凝聚力的中介作用对团队绩效产生消极影响；团队凝聚力在自利型领导与团队绩效之间的中介效应受到团队权力距离的调节，即相对于高水平权力距离的团队，当团队权力距离水平较低时，自利型领导通过团队凝聚力对团队绩效的影响更为显著。

再次，自利型领导对员工绩效影响的文化界限。长期以来，学术界对于领导理论的普适性存在分歧。部分学者主张领导理论具有普遍适用性，认为其在各种文化背景下均能提供合理的解释,而文化因素似乎并未在其中扮演关键角色。然而,另一些学者则持有不同观点。有学者认为领导理论具有情境依赖性,即同一领导风格在不同情境下可能产生不同的领导效果。文化因素作为关键的情境变量,对领导效果的实现具有显著影响,因此必须考虑文化差异对团队成员的影响。基于此,众多学者提倡通过实证研究来检验文化因素在领导效果影响中的作用。鉴于自利型领导的概念源自西方文化与组织环境,在进行本土情境研究时,将文化情境因素纳入自利型领导的研究框架显得尤为必要。因此,本书基于个体的文化背景,探讨并验证了员工的传统性如何影响自利型领导与员工绩效之间的关系。实证研究结果表明,员工的传统性在自利型领导与员工绩效的关系中起到了调节作用,相较于具有高传统性特征员工,自利型领导对低传统性特征员工的绩效影响更为显著。

最后,学术界对自利型领导的关注日益增加。研究表明,自利型领导可能导致员工产生负面情绪,减少有利于组织的行为,并增加员工的偏差行为。然而,关于自利型领导是否能显著预测员工绩效和团队绩效的研究尚不充分。因此,本书通过相关理论,探讨了自利型领导与员工绩效之间的关系及其中介机制。研究结果显示,自利型领导会引发员工的职场焦虑,消耗员工过多的认知资源,影响其后续资源的投入,从而降低员工绩效;同时,自利型领导也会对团队心理安全感产生负面影响,进而影响员工绩效。自利型领导通过职场焦虑影响员工绩效的过程,还受到团队心理安全感的调节作用。具体来说,在团队心理安全感水平较低的情况下,自利型领导通过职场焦虑对创新绩效的负面影响更为显著;然而,团队心理安全感对自利型领导与任务绩效之间关系的调节效应并未达到显著水平,这与预期假设不符。可能的原因有两个方面。一是,可能是由于团队样本数量不足(n=86),导致团队心理安全感的解释力未能得到充分展现。因此,在未来的研究中,应尽可能增加样本数量,以揭示团队心理安全感是否调节自利型领导通过职场焦虑对任务绩效的影响。二是,任务绩效与创新绩效的特征存在差异。创新绩效需要承担更多的风险、不确定性和失败的可能性(Carmeli et al.,2010),而组织氛围决定了组织内部成员创新活动的出现或抑制(刘西明等,2020)。因此,团队心理安全感所塑造的积极人际氛围有助于缓解员工因职场焦虑导致的自我控制资源损失,使员工能够投入更多资源于创新工作。而任务绩效作为组织报酬体系的重要组成部分(龙立荣等,2015),受组织氛围的影响较小。这可能解释了为什么团队心理安全感的调节效应仅对职场焦虑与创新绩效具有显著影响。

6.2 管理启示与建议

1. 重视自利型领导的危害,预防其消极影响

自利型领导作为一种具有破坏性的领导方式,能够引发员工的职场焦虑,对员工的工作态度和行为产生不利影响,同时对组织的长期发展也无益处。本研究揭示了自利型领导与团队绩效及员工绩效之间存在负面关联。在当前商业社会竞争日益激烈的背景下,绩效问题始终是管理学研究的核心议题,优秀的绩效表现对于提升企业竞争力具有重要意义。然而,本研究指出,在自利型领导的影响下,团队和员工的工作绩效将呈现下降趋势。具体而言,自利型领导对团队的凝聚力、团队心理安全感及个体层面的组织认同、责任知觉有显著的负面影响,可能导致员工工作投入减少、积极性下降、离职意愿增强等一系列问题。因此,企业管理者必须重视领导的自利行为可能对企业和员工造成的消极影响,并积极采取措施预防和抑制领导利己行为的发生。一方面,组织在选拔团队领导时,应强调领导选拔的伦理道德标准,避免有自利倾向的个体担任团队领导职务;另一方面,研究显示,领导权力越大,其行为越可能自私(Bendahan et al.,2015),因此组织应防范权力

的负面影响,加强对权力运行的有效监督和制约,防止监督者滥用权力谋取私利;企业管理者应建立完善的监管和反馈机制,鼓励受到领导不当行为影响的员工勇于向企业反映问题,寻求组织的支持和援助,有效地对领导的自利行为进行惩处,以达到约束的目的,切勿采取忍耐态度,持有"多一事不如少一事"的心态。

2. 创造良好工作环境,营造团队积极氛围

团队凝聚力与团队心理安全感对于提升团队绩效及员工个人表现具有显著的正面效应。在自利型领导对团队绩效及员工个人表现的影响过程中,它们发挥着中介作用。因此,为了有效提升团队绩效与员工个人表现,企业应当重视并增强团队的积极氛围,构建坚实的团队凝聚力及营造团队心理安全感。为了增强团队凝聚力,组织应当营造一个公平的环境,强调"按劳分配"的原则,并建立一个公开透明的分配制度。同时,必须抑制任何消极的组织氛围,如团队中的等级差异。在日常的经营与管理活动中,企业管理者应积极地营造一个公平、公正的团队氛围,真诚且客观地对待每一位员工,以增强相互间的信任,促进成员间的互动,提高信任水平,并引导员工将个人目标与组织目标保持一致,从而增强团队凝聚力。此外,提升员工的认同感与归属感也是增强团队凝聚力的重要途径(Carron et al.,2012)。至于创造良好的团队心理安全感,企业管理者首先需要建立一个积极向上的企业文化。研究显示,积极、开放的企业文化与氛围能更有效地改善员工的心理状态(Cheng and McCarthy,2018),因此企业应拒绝唯利是图的企业文化,承担更多的社会责任,塑造一个正面的企业文化。另一方面,创造一个包容的组织环境至关重要。研究指出,领导的包容性有利于提升团队的心理安全感(Hirak et al.,2012),因此管理者应虚心接受不同意见,并确保员工相信他们的反馈不会受到上级的报复或不公正对待。其次,企业应从制度层面鼓励员工大胆提出建议,增强他们承担"人际风险"的勇气,支持和鼓励

团队成员积极表达个人观点,并对那些勇于发表意见的员工给予必要的表扬和肯定,即使这些意见可能不尽合理。通过这些措施,可以营造一个良好的团队心理安全感氛围。

3. 引导和规范员工行为,促进员工对组织的归属感

首先,组织或领导者在提升员工绩效时,应当有针对性地对员工进行引导或规范。本研究揭示,自利型领导对员工绩效的影响是通过削弱员工的组织认同感和责任知觉间接传导的。这表明,组织认同感和责任知觉较低的员工往往表现出较低的绩效水平。因此,作为领导者,应重点关注此类员工,明确员工的个性需求,并尽可能地予以满足,以增强员工对组织的认同感和责任感,促使员工将个人发展与组织目标相结合,增强员工与组织同呼吸、共命运的意识,从而积极主动地投入更多精力推动组织的发展。其次,企业也可以通过参与员工的职业发展规划、支持员工参与管理决策等途径,使员工自身目标与组织目标高度统一,从而实现组织和员工的共同发展。

4. 加强员工情绪管理,保障员工心理资源恢复

本研究揭示了自利型领导行为可能诱发员工的职场焦虑,进而对员工的创新行为产生负面影响。这一发现为组织积极采取措施以消除自利型领导所带来的不良后果提供了有益的参考。企业应当重视自利型领导对员工身心健康可能产生的消极影响,并通过采取人性化的管理策略来缓解员工的负面情绪,增强员工面对消极领导行为时的应对能力。因此,加强对员工消极情绪(特别是职场焦虑)的关注和管理变得至关重要,实施员工关怀计划,如提供心理咨询服务、增加工作中的微休息等措施,以促进员工心理资源的恢复。

6.3　研究的局限性

尽管本研究在模型构建、问卷设计、实证分析等环节采用了多种方法以

确保研究的严谨性,但仍然无法完全排除研究中可能存在的缺陷,期望未来研究中能够对此进行改进。

第一,研究方法与测量方面的局限性。本研究进行的三项实证研究均采用问卷调查法收集数据,这在一定程度上可能受到共同方法偏差的影响。尽管在问卷设计中采取了多时点和多来源的方法,并在三个不同的时间点分别从团队领导和员工两个角度进行数据收集,以尽可能减少共同方法偏差的干扰,但在因果关系的研究上仍存在局限。鉴于数据收集的难度及企业员工流动性较大对配对问卷收集的不利影响,本研究在T1、T2和T3三个时间点之间仅设置了两周的间隔,这可能不足以让变量之间产生预期的因果变化。因此,未来的研究应考虑采用其他方法,如实验室研究,通过模拟实验来模拟自利型领导行为,进一步验证其对团队绩效和员工绩效的作用机制。同时,跟踪研究方法的采用也有助于揭示自利型领导对团队绩效和员工绩效的影响。此外,关于研究变量的测量,本研究通过成熟的量表形成的问卷进行评价,但未结合其他评价手段,如客观评价方法,利用团队和员工的实际业绩来衡量团队绩效和员工绩效。对于自利型领导的测量工具,主要基于国外研究开发,尽管在针对国外和国内样本的实证研究中表现出良好的信度和效度,但在不同文化和管理情境中,自利型领导可能表现出不同的特征,目前尚缺乏深入研究。这也是本研究的不足之处,未来研究应基于我国本土管理实际,深入探讨自利型领导在我国管理情境和文化背景下的特征,并开发相应的量表,以提高研究的准确性。另外,本研究通过86个来自不同地区、不同行业的团队和392名员工样本进行了假设检验,尽管在一定程度上确保了研究外部效度的合理性,但收集的问卷样本数量可能还不足以充分解释变量之间的关系,如团队心理安全感并未调节自利型领导通过职场焦虑对任务绩效的影响。因此,未来的研究应利用更多的社会资源,尽可能多地收集团队样本数据,以增强研究变量的解释力,并对假设进行更为合理的分析。

第二,本研究主要探讨自利型领导对团队绩效与员工绩效的多维度影响机制。为明确主要变量间的影响关系,本研究控制了若干潜在干扰因素,如个体层面的员工人口统计学变量,以及团队层面的团队规模等。尽管如此,可能仍存在其他影响模型关系的因素。鉴于本研究在时间和成本方面的限制,未能对其他潜在干扰因素进行控制,如领导成员交换质量可能对领导对员工绩效的客观评价产生干扰。因此,在后续研究中,应进一步考虑其他潜在干扰因素,以增强研究的严谨性,并控制领导成员交换这一影响因素。在团队层面,未来研究还应考虑控制团队类型、团队形成时间等因素的影响,以提升研究的严谨性。

第三,研究的局限性。本研究虽然构建了自利型领导与团队绩效及员工绩效关系的理论模型,涵盖了团队和员工两个层面,但其他层次的因素,如组织层面的影响,同样会对这些关系产生作用。因此,自利型领导对高管团队绩效的影响机制尚需进一步深入探究。此外,本研究主要聚焦于自利型领导对员工绩效的影响,但尚未涉及领导对员工施加差异化自利行为对员工绩效的影响。例如,团队中其他成员在观察到领导对同事的自利行为后,其情绪和行为可能受到的影响。同时,不同团队中的领导在自利行为上存在差异,这种差异性自利行为是否会对团队绩效产生影响,本研究尚未进行探讨,未来有必要进行更深入的分析。因此,仅从团队和个体层面,尚不能全面揭示自利型领导对团队绩效和员工绩效影响的全部关系,未来的研究应从其他不同层次进行探索。

6.4　未来研究展望

综合本书的研究成果,未来研究可进一步从以下几个方面深入探讨自利型领导对团队绩效及员工绩效的影响。

第一,加强因果关系的研究。未来研究应合理延长问卷调查的时间跨度,如问卷调查之间可设置一个月的时间间隔。此外,也可设定特定情境,通过实验法进一步揭示自利型领导对团队绩效和员工绩效的影响关系,并加强因果联系的研究。例如,探讨员工的组织认同和责任知觉是否能对领导成员交换关系产生影响,从而提高领导在侵占员工利益时的道德推脱,增加领导自利行为发生的可能性。鉴于目前对自利型领导形成原因的研究尚少,未来研究可深入探讨组织情境因素对自利型领导的影响。

第二,本研究中的子研究一聚焦于自利型领导与团队绩效之间的关系及其中介机制,将团队凝聚力作为中介变量纳入研究模型。在后续研究中,可进一步探讨其他变量在两者关系中的中介作用,如团队敬业度、团队知识共享及团队认同等。此外,本研究也考量了团队权力距离在该关系中的调节效应。未来的研究可结合多种理论视角,选取其他团队变量,如团队伦理氛围、程序公平氛围及团队差序氛围等,以深入探究其对自利型领导与团队绩效关系的影响。

第三,本研究中的子研究二仅探讨了影响自利型领导与员工绩效关系的文化因素,后续研究可进一步探讨个人特质因素的影响,如关系型心理契约与交易型心理契约、尽责性、道德认同等边界条件。同时,也可考虑多种情境因素及文化因素对自利型领导与员工绩效关系的共同影响。关于自利型领导对员工绩效的中介变量,本研究选取了组织认同和责任知觉,未来研究可进一步探讨心理权利、道德推脱等其他中介变量在两者之间的传导机制。此外,在压力情境下,个体可能激发不同的行为动机,包括回避动机,使个体物理隔离压力源;表现动机,个体会试图修复关系以缓解压力。根据动机差异,个体将采取适当的应对策略,导致员工表现出不同的行为。因此,未来研究可深入探讨员工在遭遇自利型领导后的行为差异及其产生的边界条件。

第四,本研究探讨了团队心理安全感的跨层次调节作用,揭示了自利型领导对员工绩效产生影响的过程会受到情境变量的调节。

鉴于本研究在资源和成本方面的限制,未能将团队情境中的其他因素,如团队差序氛围、团队竞争氛围等,纳入考量以探讨其调节效应。因此,未来研究应进一步拓展至团队层面乃至更高层面的因素,以丰富自利型领导与员工绩效关系中的边界机制研究。

第五,本书依据社会信息加工理论、社会认同理论、社会交换理论、自我资源损耗理论及资源保存理论,深入探讨了自利型领导与团队绩效及员工绩效之间的关联机制。尽管研究假设得到了基本的验证,但本书并未对相关理论的解释力进行深入剖析,同时可能存在其他理论能更有效地解释两者之间的关系。因此,未来研究可以着重于比较分析不同理论视角下,对自利型领导与绩效关系作用的内在理论机制进行更为细致的探讨。

参考文献

包艳,廖建桥,2019.权力距离研究述评与展望[J].管理评论,31(3):178-192.

曹科岩,窦志铭,2015.组织创新氛围、知识分享与员工创新行为的跨层次研究[J].科研管理,36(12):83-91.

曹洲涛,李语嫣,2021.员工创新行为缘何不同:成就目标导向对员工创新行为影响的双路径研究[J].科技进步与对策,38(1):140-148.

曹洲涛,王甜,宋一晓,2019.自我牺牲型领导会促进员工的亲组织非伦理行为吗?——组织认同的中介作用及其效应边界[J].中国人力资源开发,36(6):21-32.

曾圣钧,2010.团队凝聚力对团队绩效影响机制的实证研究[J].生产力研究(9):197-199.

陈欢欢,温韫泽,胡云洋,等,2021.自豪还是焦虑?感知上级信任的双刃剑效应研究[J].中国人力资源开发,38(1):63-74.

陈佳雯,叶宝娟,谭咏梅,等,2020.领导和谐式管理对团队绩效的影响:跨水平链式中介模型分析[J].中国临床心理学杂志,28(6):1261-2020.

陈楠,李方君,2017.上司为何会辱骂你?解析辱虐管理的产生机制[J].中国人力资源开发(9):6-21.

陈秋萍,刘紫娟,2022.差错管理氛围对员工顾客导向偏差行为的影响机制——责任知觉和心理授权的中介作用[J].华侨大学学报(哲学社会科学版)(3):55-69.

程垦,林英晖,2019.组织认同一定会促进亲组织非伦理行为吗?社会责任型人力资源管理的作用[J].心理科学,42(3):688-694.

崔波,杨百寅,2018.团队效能感、团队学习与团队绩效——基于多案例的研究[J].管理案例研究与评论,11(5):491-501.

崔明明,苏屹,李丹,2018.跨界行为对任务绩效的影响——基于价值观的多元调节作用[J].经济管理,40(8):72-88.

董梅,井润田,2020.协力方得同心:团队主动性人格对团队绩效的影响研究[J].中国人力资源开发,37(2):77-89.

杜恒波,朱千林,刘春红,2019.职场负面八卦对主动性行为的影响机制研究:一个有调节的中介模型[J].管理评论,31(2):190-199.

杜鹏程,黄志强,2016.差错管理文化对双元绩效的影响机理研究——基于组织认同的中介效应[J].安徽大学学报(哲学社会科学版),40(6):148-156.

杜鹏程,李敏,倪清,2015.差错反感文化对员工创新行为的影响机制研究[J].管理学报,12(4):538-545.

段锦云,肖君宜,夏晓彤,2017.变革型领导、团队建言氛围和团队绩效:创新氛围的调节作用[J].科研管理,38(4):76-83.

高日光,2009.破坏性领导会是组织的害群之马吗？——中国组织情境中的破坏性领导行为研究[J].管理世界(9):124-132,147.

古银华,李海东,苏勇,2017.主管信任真会促进任务绩效吗？——认知依赖和权力距离的作用[J].商业经济与管理(1):34-43.

郭萌,2020.何以激发越轨创新——双元领导与责任知觉的作用[J].科技进步与对策,37(9):49-54.

韩翼,廖建桥,龙立荣,2007.雇员工作绩效结构模型构建与实证研究[J].管理科学学报,10(5):62-77.

韩翼,廖建桥,2006.基于八维结构模型的雇员工作绩效灰局势评价[J].工业工程与管理(2):20-25.

郝萌,程志超,2015.真实型领导、积极氛围与下属创造力[J].科研管理,36

（12）：103-109.

何雨珊，陈鹏宇，陶向南，等，2020. 职场孤独感对员工创新行为影响的机制研究——基于情感理论的研究视角［J］. 云南财经大学学报，36（5）：92-103.

黄昱方，吴菲，2019. 同事监督对团队绩效的影响———团队信任和团队领导—成员交换的作用［J］. 软科学，33（11）：75-84.

纪巍，毛文娟，2016. "多团队成员身份"对创新型团队凝聚力的影响——以团队认同为中介［J］. 科技进步与对策，33（23）：142-148.

季浩，谢小云，肖永平，等，2019. 权力层级与团队绩效关系：权力与地位的一致与背离［J］. 心理学报，51（3）：366-382.

蒋丽芹，许艺炜，2020. 授权型领导与任务绩效"过犹不及"效应研究——基于长三角高科技企业的调研［J］. 华东经济管理，34（10）：21-30.

景保峰，常涛，王艳子，2016. 自利型领导研究前沿综述［J］. 科技进步与对策，33（21）：156-160.

孔靓，李锡元，章发旺，2020. 包容型领导对员工主动性行为的影响：组织自尊与差错管理氛围的中介作用［J］. 管理评论，32（2）：232-243.

李静芝，李永周，2022. 组织创新氛围、网络嵌入对员工创新行为的影响［J］. 科技进步与对策，39（12）：130-139.

李宁，严进，2007. 组织信任氛围对任务绩效的作用途径［J］. 心理学报，39（6）：1111-1121.

李群，唐文静，闫梦含，2021. 包容型领导对制造业新生代创新绩效的影响——一个跨层双中介模型［J］. 华东经济管理，35（9）：120-128.

李绍龙，龙立荣，朱思，2017. 领导差异化授权对团队绩效的影响及其作用机制研究［J］. 管理学报，14（7）：1006-1014，1069.

李响，2017. 领导—部署交换与员工服务创新：基于不同服务团队的跨层次被调节中介作用［J］. 管理现代化，37（2）：38-40.

李晔,张文慧,龙立荣,2015.自我牺牲型领导对下属工作绩效的影响机制——战略定向与领导认同的中介作用[J].心理学报,47(5):653-662.

李英武,张雪儿,钟舒婕,2021.威权领导对员工反生产工作行为的影响:下属负性情绪和传统性的作用[J].经济与管理研究,42(5):122-132.

李志成,王震,祝振兵,等,2018.基于情绪认知评价的员工绩效压力对亲组织非伦理行为的影响研究[J].管理学报,15(3):358-365.

梁建,2014.道德领导与员工建言:一个调节—中介模型的构建与检验[J].心理学报,46(2):252-264.

廖青云,朱东华,汪雪锋,等,2021.科研团队的多样性对团队绩效的影响研究[J].科学学研究,39(6):1074-1083.

林新奇,栾宇翔,赵国龙,2022.交易型领导与员工绩效的关系研究:一项元分析[J].兰州学刊(3):85-96.

刘西明,张叶婷,许长勇,2020.促进员工创新行为的组态研究——基于模糊集的定性比较分析[J].科学学与科学技术管理,41(12):114-128.

刘璇,陈晋,陈梅梅,2021.知识多样性及任务依赖性对团队绩效的影响[J].系统管理学报,30(5):961-970.

龙立荣,易谋,张勇,2015.交易型与关系型心理契约对任务绩效和关系绩效的影响——绩效薪酬和上级支持感的调节作用[J].预测,34(1):8-14.

路文玲,戴万亮,胡恩华,等,2022.趣味相投能带来创新吗?领导幽默一致性对团队创新的影响[J].科技进步与对策,39(2):128-138.

马伟,苏杭,2020.差序氛围感知对员工创新行为的影响[J].科技进步与对策,37(21):136-143.

马跃如,蒋珊珊,张静,2019.包容性领导对医疗团队绩效影响的实证研究——基于团队认知的视角[J].湖南大学学报(社会科学版),33(1):78-84.

马跃如,余航海,夏冰,2018.破坏性领导对员工离职意愿的影响研究[J].贵州财经大学学报(2):46-53.

马粤娴,严鸣,黄国华,2016.团队群体性组织偏差行为的产生机制[J].管理科学,29(3):59-70.

马长龙,于淼,2019.共享认知对科研团队绩效影响的实证研究[J].科技管理研究(23):176-181.

倪艳,熊胜绪,2012.员工心理资本与工作绩效的关系研究——领导成员交换的中介作用[J].管理现代化(4):96-98.

倪渊,李翠,2021.包容型领导与情绪劳动策略选择——来自银行业一线服务人员的实证研究[J].南开管理评论,24(2):106-119.

聂文军,2004.亚当·斯密的个人自利及其道德性[J].吉首大学学报(社会科学版),25(1):24-29.

潘静洲,唐子阳,张光磊,等,2021.领导—下属交换关系差异化基础对分配公平氛围及团队绩效的影响[J].南开管理评论,24(1):202-212,257-259.

彭坚,王霄,2016.与上司"心有灵犀"会让你的工作更出色吗?——追随原型一致性、工作投入与工作绩效[J].心理学报,48(9):1151-1162.

彭正龙,赵红丹,2011.组织公民行为真的对组织有利吗——中国情境下的强制性公民行为研究[J].南开管理评论,14(1):17-27.

曲刚,王晓宇,2021.团队中互动动机多样性对绩效影响研究[J].管理评论,33(23):230-239.

曲如杰,孙军保,杨中,等,2012.领导对员工创新影响的综述[J].管理评论,24(2):146-153.

容琰,隋杨,杨百寅,2015.领导情绪智力对团队绩效和员工态度的影响——公平氛围和权力距离的作用[J].心理学报,47(9):1152-1161.

佘卓霖,李全,杨百寅,等,2021.工作狂领导对团队绩效的双刃剑作用机制[J].心理学报,53(9):1018-1031.

沈伊默,马晨露,白新文,等,2019.辱虐管理与员工创造力:心理契约破坏和中庸思维的不同作用[J].心理学报,51(2):238-247.

宋萌,胡鹤颜,王震,等,2020.领导跨界行为对下属绩效的积极与消极效应研究[J].管理学报,17(5):671-679.

孙健敏,陈乐妮,尹奎,2018.挑战性压力源与员工创新行为:领导—成员交换与辱虐管理的作用[J].心理学报,50(4):436-449.

孙健敏,焦长泉,2006.对管理者工作绩效结构的探索性研究[J].中国社会心理学评论(2):264-282.

孙利平,陈晨,陈煊煊,等,2021.员工职场偏差行为对其自身的影响:基于情感事件理论的探讨[J].外国经济与管理,6(43):138-152.

田启涛,2017.服务型领导对员工顾客导向组织公民行为的影响机制——责任知觉的中介与领导权力感知的调节效应[J].经济纬,34(1):112-117.

田晓明,李锐,2015.自我牺牲型领导能促进员工的前瞻行为吗?——责任感知的中介效应及其边界条件[J].心理学报,47(12):1472-1485.

佟星,任浩,2019.领导行为与团队双元创新能力构建关系研究——双元视角下团队反思有中介的调节效应检验[J].科技进步与对策,36(19):137-144.

涂艳红,袁凌,张磊磊,2019.团队能力差异何时促进绩效?团队目标互依的作用[J].中国人力资源开发,36(6):48-61.

王飞绒,方艳军,2013.基于组织学习的组织文化与技术创新绩效关系的实证研究[J].研究与发展管理,25(1):36-43.

王鉴忠,李琦,宋君卿,等,2020.积极组织行为学视角下辱虐管理与员工乐观解释风格对离职倾向的影响研究[J].管理学报,17(5):688-696.

王琳,2019.多视角下自恋型领导对下属追随力影响机制研究[D].武汉:武汉大学.

王士红,徐彪,彭纪生,2013.组织氛围感知对员工创新行为的影响——基于知识共享意愿的中介效应[J].科研管理,34(5):130-135.

王小予,赵曙明,李智,2019.员工绩效对人际伤害行为的研究评述与展望[J].管理学报,16(9):1415-1422.

王雪,吴嵩,孙嘉卿,2013.贪婪:态度、动机与决策机制[J].心理科学进展,21(4):740-750.

王彦斌,2004.管理中的组织认同—理论建构及对转型期中国国有企业的实证分析[M].北京:人民出版社.

王雁飞,林珊燕,郑立勋,等,2022.社会信息加工视角下伦理型领导对员工创新行为的双刃剑影响效应研究[J].管理学报,19(7):1006-1015.

王玉峰,赵雯越,王树进,2022.差序氛围感知对创新绩效的影响研究——个体学习和隐性知识共享的作用[J].科技管理研究,42(5):121-128.

王哲,张爱卿,2019.内部企业社会责任对员工反生产行为的影响——组织认同的中介和理想主义道德标准的调节[J].经济管理,41(8):130-146.

王智宁,刘梦丽,李晓磊,2019.团队反思对员工创新行为的影响——一个跨层次被调节的中介模型[J].软科学,33(11):64-68,74.

王梓鉴,景楚,孙健敏,2021.加班行为对任务绩效的影响:一个有调节的多重中介模型[J].中国人力资源开发,38(12):22-36.

魏丹霞,俞少君,赵曙明,2020.组织文化对组织创新的效用如何?——来自中国情境下的Meta分析证据[J].中南大学学报(社会科学版),26(3):112-123.

温福星,邱皓政,2009.多层次模型方法论:阶层线性模式的关键议题与试解[J].台大管理论丛,19(2):263-293.

温志毅,2005.工作绩效的四因素结构模型[J].首都师范大学学报(社会科学版)(5):105-111.

吴隆增,刘军,许浚,2010.职场排斥与员工组织公民行为:组织认同与集体主义倾向的作用[J].南开管理评论,13(3):36-44.

吴一夸,陈颖颖,陶向明等,2016.团队凝聚力研究现状探析与未来展望[J].工业工程与管理,21(6):168-175.

吴颖宣,程学生,杨睿,等,2018.抗令创新与团队创新绩效关系研究——建言行为和工作自主性的调节作用[J].科学学与科学技术管理,39(12):142-155.

西楠,彭剑锋,曹毅,等,2020.OKR是什么及为什么能提升团队绩效?——柔性导向绩效管理实践案例研究[J].科学学与科学技术管理,41(7):116-138.

肖金岑,全静,章璐璐,等,2020.中国组织情境中职场友谊对任务绩效的影响研究[J].软科学,34(11):117-122.

徐晓音,祝卓宏,2021.领导低头使用手机对员工工作绩效的影响:基于社会学习理论视角[J].中国人力资源开发,38(6):55-67.

徐振亭,曲怡颖,罗瑾琏,2018.自我牺牲型领导对员工工作投入的跨层次影响研究[J].科学学与科学技术管理,39(11):142-157.

颜爱民,陈世格,林兰,2020.投桃何以报李:企业内外部社会责任对管家行为的影响机制研究[J].中国人力资源开发,37(1):84-97.

颜爱民,郝迎春,2020.上级发展性反馈对员工建言的影响——基于建设性责任知觉视角[J].华东经济管理,34(5):113-120.

杨陈,杨付,景熠,等,2018.谦卑型领导如何改善员工绩效:心理需求满足的中介作用和工作单位结构的调节作用[J].南开管理评论,21(2):121-134,171.

杨付,张丽华,2012.团队成员认知风格对创新行为的影响:团队心理安全感和工作单位结构的调节作用[J].南开管理评论,15(5):13-25.

杨国枢,黄光国,杨中芳,2008.华人本土心理学[M].重庆:重庆大学出版社.

杨国枢,余安邦,叶明华,1989.中国人的传统性与现代性:概念与测量[M]//中国人心理与行为.台湾:桂冠图书出版公司.

杨伟文,李超平,2021.资质过剩感对个体绩效的作用效果及机制:基于情绪—认知加工系统与文化情境的元分析[J].心理学报,53(5):527-554.

杨相玉,徐振亭,孙效敏,2016.个体目标取向与团队心理安全感交互对个体知识共享的影响[J].科技进步与对策,33(19):147-154.

杨晓,刘知,谭乐,等,2020.以权谋私:领导者自私行为的研究现状与未来展望[J].南开管理评论,23(5):213-224.

姚艳虹,韩树强,2013.组织公平与人格特质对员工创新行为的交互影响研究[J].管理学报,10(5):700-707.

姚艳虹,衡元元,2013.知识创新绩效的结构及测度研究[J].管理学报,10(1):97-102.

叶晓倩,张依,杨琳,2021.跨层模型检验下的团队绩效压力对员工退缩行为的影响研究[J].管理学报,18(3):371-380.

于静静,蒋守芬,2018.员工政治技能与创新行为关系研究——基于心理授权的视角[J].山东社会科学(11):172-176,165.

袁凌,蒋镇武,2022.差异化辱虐管理对团队绩效的影响研究——一个被调节的中介模型[J].软科学,36(2):36-42.

袁凌,刘平,褚昊,2021.领导愤怒表达如何影响员工创新过程投入——一个被调节的链式中介模型[J].科技进步与对策,38(4):122-131.

袁书杰,2021.大学治理视野下工作自主性对组织公民行为影响——基于416名高校管理人员的考查[J].北京航空航天大学学报(社会科学版),34(5):146-153.

张辉华,2014.个体情绪智力与任务绩效:社会网络的视角[J].心理学报,46(11):1691-1703.

张军成,凌文辁,2016.科技型小微企业家长式领导行为对员工绩效的影响[J].广州大学学报(社会科学版),15(9):49-57.

张军伟,龙立荣,王桃林,2017.高绩效工作系统对员工工作绩效的影响:自我概念的视角[J].管理评论,29(3):136-146.

张少峰,张彪,卜令通,等,2021.不合规任务对员工创新行为的作用机制研究——基于情绪耗竭和道德型领导视角[J].软科学,35(9):88-92,99.

张亚军,张金隆,张千帆,等,2015.威权和授权领导对员工隐性知识共享的影响研究[J].管理评论,27(9):130-139.

张燕,解蕴慧,王泸,2015.组织公平感与员工工作行为:心理安全感的中介作用[J].北京大学学报(自然科学版),51(1):180-186.

张毅,游达明,2014.团队反思、团队心理安全感对团队创新的影响——一个被中介的调节效应模型检验[J].商业经济与管理(8):26-36.

张征,郭倩,2021.员工拖延从何而来?员工拖延的形成机制[J].中国人力资源开发,38(12):37-52.

张征,闫春,2020.团队学习氛围对员工积极情绪和创新绩效的跨层次影响:集体主义导向的调节作用[J].预测,39(2):27-33.

赵斌,赵艳梅,2019.印象管理动机对员工创新行为的影响机制[J].科技进步与对策,36(5):145-153.

赵秀清,2020.员工创新行为的抑制机理研究——消极情绪视角[J].当代经济管理,42(12):66-72.

赵宜萱,白晓明,赵曙明,2014.员工利他主义对团队凝聚力的影响研究[J].管理学报,11(11):1631-1638.

周芳芳,陆露,张亚军,等,2021.自利型领导对员工越轨行为的影响:基于认知和情感的双路径研究[J].管理评论,33(7):237-248.

周浩,龙立荣,2004.共同方法偏差的统计检验与控制方法[J].心理科学进展,12(6):942-950.

周如意,龙立荣,张军伟,2018.自我牺牲型领导与团队绩效:凝聚力、心理资本及心理权利的作用[J].科学学与科学技术管理,39(8):145-160.

邹艳春,印田彬,2017.多层次视角下的心理安全研究评述[J].中国人力资源开发,34(4):66-75.

ADAMS J S,1963. Towards an understanding of inequity[J]. The journal of abnormal and social psychology,67(5):422-436.

AGARWAL U A,2016. Examining perceived organizational politics among Indian managers:Engagement as mediator and locus of control as moderator[J]. International journal of organizational analysis,24(3):415-437.

AIKEN L S,WEST S G,1991. Multiple regression:Testing and interpreting interactions[M]. Newbury Park:Sage.

ALLWORTH E,1997. Adaptive performance:Updating the criterion to cope with change[C]//The 2nd Australian Industrial and Organisational Psychology Conference,Melbourne.

AMABILE T M,1988. A model of creativity and innovation in organizations[M]//STEW B M,CUMMINGS L L. Research on organizational behavior. Greenwich:JAI Press.

AMABILE T M,1993. Motivational synergy:Toward new conceptualizations of intrinsic and extrinsic motivation in the workplace[J]. Human resource management review,3(3):185-201.

ANCONA D G,CALDWELL D F,1992. Demography and design:Predictors of new product team performance[J]. Organization science,3(3):321-341.

ANDERSON C,JOHN O P,KELTNER D,2012. The personal sense of power[J]. Journal of personality,80(2):313-344.

ANG S,DYNE L V,KOH C,et al. ,2007. Cultural intelligence:Its measurement and effects on cultural judgment and decision making,cultural adaptation and task performance[J]. Management and organization review,3(3):335-371.

AQUINO K,TRIPP T M,BIES R J,2006. Getting even or moving on? Power,procedural justice, and types of offense as predictors of revenge, forgiveness, reconcilia-tion, and avoidance in organizations[J]. Journal of applied psychology, 91(3): 653-668.

ASHFORTH B E, MAEL F, 1989. Social identity theory and the organization[J]. The academy of management review, 14(1):20.

BAGOZZI R P, KIMMEL S K, 1995. A comparison of leading theories for the predic-tion of goal-directed behaviours[J]. British journal of social psychology, 34(4): 437-461.

BAILEY R, BALL S, 2006. An exploration of the meanings of hotel brand equity[J]. The service industries journal, 26(1):15-38.

BAKKER A B, HAKANEN J J, DEMEROUTI E, et al. , 2007. Job resources boost work engagement, particularly when job demands are high[J]. Journal of educa-tional psychology, 99(2):274-284.

BANDU A, 1997. Self-efficacy:The exercise of control[M]. New York:Freeman.

BANKS G C, BATCHELOR J H, SEERS A, et al. , 2014. What does team-member exchange bring to the party? A meta-analytic review of team and leader social ex-change[J]. Journal of organizational behavior, 35(2):273-295.

BAO G, XU B, ZHANG Z, 2016. Employees' trust and their knowledge sharing and integration: the mediating roles of organizational identification and organization-based self-esteem [J]. Knowledge management research & practice, 14(3): 362-375.

BARELDS D P H, WISSE B, SANDERS S, et al. , 2018. No regard for those who need it: The moderating role of follower self-esteem in the relationship between leader psychopathy and leader self-serving behavior[J]. Frontiers in psychology, 9:1281.

BAR-HAIM Y, LAMY D, PERGAMIN L, et al. , 2007. Threat-related attentional bias in anxious and nonanxious individuals: A meta-analytic study[J]. Psychological bulletin, 133(1):1-24.

BARON R M, KENNY D A, 1986. The moderator-mediator variable distinction in social psychological research: Conceptual, strategic, and statistical considerations [J]. Journal of personality and social psychology, 51(6):1173-1182.

BARRICK M R, MOUNT M K, STRAUSS J P, 1993. Conscientiousness and performance of sales representatives: Test of the mediating effects of goal setting[J]. Journal of applied psychology, 78(5):715-722.

BAUMEISTER R F, BRATSLAVSKY E, MURAVEN M, et al. , 1998. Ego depletion: Is the active self a limited resource?[J]. Journal of personality and social psychology, 74(5):1252-1265.

BAUMEISTER R F, ZHANG L, VOHS K D, 2004. Gossip as cultural learning[J]. Review of general psychology, 8(2):111-121.

BAUMEISTER, ROY F. VOHS K D, 2007. Self-regulation, ego depletion, and motivation[J]. Social and personality psychology compass, 1(1):115-128.

BENDAHAN S, ZEHNDER C, PRALONG F P, et al. , 2015. Leader corruption depends on power and testosterone[J]. The leadership quarterly, 26(2):101-122.

BERGAMI M, BAGOZZI R P, 2000. Self-categorization, affective commitment and group self-esteem as distinct aspects of social identity in the organization[J]. British journal of social psychology, 39(4):555-577.

BERNARDIN H J, BEATTY R W, 1984. Performance appraisal: Assessing human behavior at work[M]. Boston: Kent.

BERNARDIN H J, KANE J S, ROSS S, et al. , 1996. Performance appraisal design, development, and implementation[M]//GERALD R F, SHERMAN D R, DAROLD

T B. Handbook of human resource management. Cambridge, MA: Blackwell Publishers.

BLADER S L, PATIL S, PACKER D J, 2017. Organizational identification and workplace behavior: More than meets the eye[J]. Research in organizational behavior, 37:19–34.

BLICKLE G, SCHÜTTE N, 2017. Trait psychopathy, task performance, and counterproductive work behavior directed toward the organization[J]. Personality and individual differences(109):225–231.

BLIESE P D, 2000. Within-group agreement, non-independence, and reliability: Implications for data aggregation and analysis[M]//KLEIN K J, KOZLOWSKI S W J. Multilevel theory, research, and methods in organizations: Foundations, extensions, and new directions. San Francisco: Jossey-Bass.

BOCHNER S, HESKETH B, 1994. Power distance, individualism/collectivism, and job-related attitudes in a culturally diverse work group [J]. Journal of cross-cultural psychology, 25(2):233–257.

BOLLEN K A, HOYLE R H, 1990. Perceived cohesion: A conceptual and empirical examination[J]. Social forces, 69(2):479.

BONING B, ICHNIOWSKI C, SHAW K, 2007. Opportunity counts: Teams and the effectiveness of production incentives [J]. Journal of labor economics, 25(4): 613–650.

BORMAN W C, MOTOWIDLO S M, 1993. Expanding the criterion domain to include elements of contextual performance[M]//SCHMITT N, BORMAN W C. Personnel selection in organizations. San Francisco: Jossey-Bass.

BREEVAART K, BAKKER A B, DEMEROUTI E, et al., 2016. Who takes the lead? A multi-source diary study on leadership, work engagement, and job performance:

Weekly Leadership[J]. Journal of organizational behavior,37(3):309-325.

BRESMAN H,BRUHN M Z,2013. The structural context of team learning:Effects of organizational and team structure on internal and external learning[J]. Organization science,24(4):1120-1139.

BRISLIN R W,1970. Back-translation for cross-cultural research[J]. Journal of cross-Cultural psychology,1(3):185-216.

BROTHERIDGE C M,LEE R T,2002. Testing a conservation of resources model of the dynamics of emotional labor.[J]. Journal of occupational health psychology,7 (1):57-67.

BROWN M E,TREVIÑO L K,HARRISON D A,2005. Ethical leadership:A social learning perspective for construct development and testing[J]. Organizational behavior and human decision processes,97(2):117-134.

BROWN S P,LEIGH T W,1996. A new look at psychological climate and its relationship to job involvement, effort, and performance[J]. The journal of applied psychology,81(4):358-368.

BROWN,M E,TREVIÑO L,2006. Ethical Leadership:A review and future directions[J]. The leadership quarterly(17):595-616.

BRUELLER D,CARMELI A,2011. Linking capacities of high-quality relationships to team learning and performance in service organizations[J]. Human resource management,50(4):455-477.

BUNCE D, WEST M,1994. Changing work environments:Innovative coping responses to occupational stress[J]. Work &stress,8(4):319-331.

CAMPBELL J P,MCCLOY R A,OPPLER S H,et al. ,1993. A theory of performance [M]. San Francisco:Jossey-Bass.

CAMPBELL J P,MCHENRY J J,WISE LL,1990. Modeling job performance in a population of jobs[J]. Personnel psychology,43(2):313–575.

CAMPS J,DECOSTER S,STOUTEN J,2012. My share is fair,so i don't care:The moderating role of distributive justice in the perception of leaders' self–serving behavior[J]. Journal of personnel psychology,11(1):49–59.

CARLSMITH K M,DARLEY J M,ROBINSON P H,2002. Why do we punish? Deterrence and just deserts as motives for punishment[J]. Journal of personality and social psychology,83(2):284–299.

CARMELI A,REITER–PALMON R,ZIV E,2010. Inclusive leadership and employee involvement in creative tasks in the workplace:The mediating role of psychological safety[J]. Creativity research journal,22(3):250–260.

CARRON A V,BRAWLEY L R,2012. Cohesion:Conceptual and measurement issues[J]. Small group research,43(6):726–743.

CARRON A V,HAUSENBLAS H A,1998. Group dynamics in sport:2nd ed[M]. Morgantown,WV:Fitness Information Technology.

CARRON A V,WIDMEYER N W,BRAWLEY L R,1985. The development of an instrument to assess cohesion in sport teams:The group environment questionnaire [J]. Journal of sport psychology,7(3):244–266.

CHAMBERLAIN S T, HALE B D, 2007. Competitive state anxiety and self–confidence:Intensity and direction as relative predictors of performance on a golf putting task[J]. Anxiety,stress,& coping,20(2):197–207.

CHANDRASEKARAN A,MISHRA A,2012. Task design,team context,and psychological safety:An empirical analysis of R&D projects in high technology organizations[J]. Production and operations management,21(6):977–996.

CHANGCH,ROSENCC,LEVYPE,2009. The relationship between perceptions of organizational politics and employee attitudes,strain,and behavior:A meta–analytic examination[J]. Academy of management journal, 52(4):779-801.

CHEN G, BLIESE P D, 2002. The role of different levels of leadership in predicting self-and collective efficacy: Evidence for discontinuity[J]. Journal of applied psychology, 87(3):549-556.

CHEN G, FARH J L, BUSH E M C, et al., 2013. Teams as innovative systems: multi-level motivational antecedents of innovation in R&D teams.[J]. Journal of applied psychology, 98(6):1018-1027.

CHEN G, SHARMA P N, EDINGER S K, et al. , 2011. Motivating and demotivating forces in teams: Cross-level influences of empowering leadership and relationship conflict[J]. Journal of applied psychology, 96(3):541-557.

CHEN G, TJOSVOLD D, 2012. Shared rewards and goal interdependence for psychological safety among departments in China[J]. Asia pacific journal of management, 29(2):433-452.

CHEN S, CHAI A Y L, BARGH J A, 2001. Relationship orientation as a moderator of the effects of social power[J]. Journal of personality and social psychology, 80 (2):173-187.

CHEN Z X, ARYEE S, 2007. Delegation and employee work outcomes: An examination of the cultural context of mediating processes in China[J]. Academy of management journal, 50(1):226-238.

CHEN Z X, TSUI A S, ZHONG L, 2008. Reactions to psychological contract breach: a dual perspective[J]. Journal of organizational behavior, 29(5):527-548.

CHENG B H, MCCARTHY J M, 2018. Understanding the dark and bright sides of anxiety: A theory of workplace anxiety[J]. Journal of applied psychology, 103(5): 537-560.

CHENG B, ZHOU X, GUO G, et al. , 2020. Perceived overqualification and cyberloafing: A moderated-mediation model based on equity theory[J]. Journal of business ethics, 164(3):565-577.

CHI S C S, LIANG S G, 2013. When do subordinates' emotion-regulation strategies matter? Abusive supervision, subordinates' emotional exhaustion, and work withdrawal[J]. The leadership quarterly, 24(1):125-137.

CLARK-CARTER D, 1997. Doing quantitative psychological research: from design to report[M]. Hove, East Sussex, UK: Psychology Press.

COLE M S, CARTER M Z, ZHANG Z, 2013. Leader-team congruence in power distance values and team effectiveness: The mediating role of procedural justice climate[J]. Journal of applied psychology, 98(6):962-973.

COLLINS M D, JACKSON C J, 2015. A process model of self-regulation and leadership: How attentional resource capacity and negative emotions influence constructive and destructive leadership[J]. The leadership quarterly, 26(3):386-401.

CONGER J A, KANUNGO R N, MENON S T, 2000. Charismatic leadership and follower effects[J]. Journal of organizational behavior, 21(7):747-767.

CONROY S, HENLE C A, SHORE L, et al. , 2017. Where there is light, there is dark: A review of the detrimental outcomes of high organizational identification: The dark side of organizational identification[J]. Journal of organizational behavior, 38(2):184-203.

CREMER D D, DIJK E V, 2005. When and why leaders put themselves first: Leader behaviour in resource allocations as a function of feeling entitled[J]. European journal of social psychology, 35(4):553-563.

CURSEU P L, SCHRUIJER S, BOROS S, 2007. The effects of groups' variety and disparity on groups' cognitive complexity[J]. Group dynamics: Theory, research, and practice, 11(3):187-206.

DASPIT J, TILLMAN C J, BOYD N G, et al. , 2013. Cross-functional team effective-ness: An examination of internal team environment, shared leadership, and cohe-sion influences[J]. Team performance management: An international journal, 19 (1/2):34–56.

DAY D V, GRONN P, SALAS E, 2006. Leadership in team-based organizations: On the threshold of a new era[J]. The leadership quarterly, 17(3):211–216.

DE DREU C K W, NAUTA A, 2009. Self-interest and other-orientation in organiza-tional behavior: Implications for job performance, prosocial behavior, and personal initiative[J]. Journal of applied psychology, 94(4):913–926.

DE MENEZES L M, KELLIHER C, 2017. Flexible working, individual performance, and employee attitudes: Comparing formal and informal arrangements[J]. Human resource management, 56(6):1051–1070.

DE ROECK K, FAROOQ O, 2018. Corporate social responsibility and ethical leader-ship: Investigating their interactive effect on employees' socially responsible be-haviors[J]. Journal of business ethics, 151(4):923–939.

DECELLES K A, DERUE D S, MARGOLIS J D, et al. , 2012. Does power corrupt or enable? When and why power facilitates self-interested behavior[J]. Journal of applied psychology, 97(3):681–689.

DECOSTER S, STOUTEN J, CAMPS J, et al., 2014. The role of employees' OCB and leaders' hindrance stress in the emergence of self-serving leadership[J]. Leadership quarterly, 25(4):647–659.

DECOSTER S, STOUTEN J, TRIPP T M, 2021. When employees retaliate against self-serving leaders: The influence of the ethical climate[J]. Journal of business ethics, 168(1):195–213.

DEVINE D J, PHILIPS J L, 2001. Do smarter teams do better: A meta-analysis of cognitive ability and team performance[J]. Small group research, 32(5):507-532.

DICK R, ULLRICH J, TISSINGTON P A, 2006. Working under a black cloud: How to sustain organizational identification after a merger[J]. British journal of management, 17(S1):S69-S79.

DORFMAN P W, HOWELL J P, 1988. Dimensions of national culture and effective leadership patterns: Hofstede revisited[J]. Advances in international comparative management, 3(1):127-150.

DREU C K W D, WEINGART L R, 2003. Task versus relationship conflict, team performance, and team member satisfaction: A meta-analysis[J]. Journal of applied psychology, 88(4):741-749.

DU P, LI M, NI Q, et al. , 2015. Investigating the effect of error aversion culture on employees' innovative behavior [J]. Chinese journal of management, 12 (4): 538-545.

DUAN J, WANG X H, JANSSEN O, et al. , 2022. Transformational leadership and voice: When does felt obligation to the leader matter?[J]. Journal of business and psychology, 37(3):543-555.

DUKERICH J M, GOLDEN B R, SHORTELL S M, 2002. Beauty is in the eye of the beholder: The impact of organizational identification, identity, and image on the cooperative behaviors of physicians [J]. Administrative science quarterly, 47 (3): 507-533.

DUTTON J E, DUKERICH J M, HARQUAIL C V, 1994. Organizational images and member identification[J]. Administrative science quarterly, 39(2):239-263.

EDMONDSON A, 1999. Psychological safety and learning behavior in work teams [J]. Administrative science quarterly, 44(2):350-383.

EDWARDS J R, LAMBERT L S, 2007. Methods for integrating moderation and mediation: A general analytical framework using moderated path analysis. [J]. Psychological methods, 12(1):1-22.

EDWARDS M R, PECCEI R, 2010. Perceived organizational support, organizational identification, and employee outcomes: Testing a simultaneous multifoci model [J]. Journal of personnel psychology, 9(1):17-26.

EISENBERGER R, ARMELI S, REXWINKEL B, et al. , 2001. Reciprocation of perceived organizational support[J]. Journal of applied psychology, 86(1):42-51.

ELSTAK M N, BHATT M, RIEL C B M V, et al. , 2015. Organizational identification during a merger: The role of self-enhancement and uncertainty reduction motives during a major organizational change: Organizational identification during a merger [J]. Journal of management studies, 52(1):32-62.

ENDERS C K, TOFIGHI D, 2007. Centering predictor variables in cross-sectional multilevel models: A new look at an old issue[J]. Psychological methods, 12(2): 121-138.

ENDLER N S, KOCOVSKI N L, 2001. State and trait anxiety revisited[J]. Journal of anxiety disorders, 15(3):231-245.

EPITROPAKI O, KARK R, MAINEMELIS C, et al. , 2017. Leadership and followership identity processes: A multilevel review[J]. The leadership quarterly, 28(1): 104-129.

EYSENCK M W, DERAKSHAN N, SANTOS R, et al. , 2007. Anxiety and cognitive performance: Attentional control theory[J]. Emotion, 7(2):336-353.

FARH JL, HACKETT R D, LIANG J, 2007. Individual-level cultural values as moderators of perceived organizational support-employee outcome relationships in china: comparing the effects of power distance and traditionality [J]. Academy of management journal, 50(3):715-729.

FARH, EARLEY P C, LIN S C, 1997. Impetus for action: A cultural analysis of justice and organizational citizenship behavior in Chinese society [J]. Administrative science quarterly, 42(3):421–444.

FARMER S M, TIERNEY P, MCINTYRE K K, 2003. Employee creativity in Taiwan: An application of role identity theory [J]. Academy of management journal, 46(5):618–630.

FEENEY J R, MCCARTHY J M, GOFFIN R, 2015. Applicant anxiety: Examining the sex-linked anxiety coping theory in job interview contexts: Interview anxiety and sex-linked coping [J]. International journal of selection and assessment, 23 (3):295–305.

FERRIS G R, MUNYON T P, BASIK K, et al., 2008. The performance evaluation context: Social, emotional, cognitive, political, and relationship components [J]. Human resource management review, 18(3):146–163.

FESTINGER L, 1950. Informal social communication [J]. Psychological review, 57 (5):271–282.

FRANCK E, NÜESCH S, 2010. The effect of talent disparity on team productivity in soccer [J]. Journal of economic psychology, 31(2):218–229.

FRIEDLAND N, KEINAN G, REGEV Y, 1992. Controlling the uncontrollable: Effects of stress on illusory perceptions of controllability [J]. Journal of personality and social psychology, 63(6):923–931.

FULLER J B, MARLER L E, HESTER K, 2006. Promoting felt responsibility for constructive change and proactive behavior: Exploring aspects of an elaborated model of work design [J]. Journal of organizational behavior, 27(8):1089–1120.

GANSTER D C, ROSEN C C, 2013. Work stress and employee health: A multidisciplinary review [J]. Journal of management, 39(5):1085–1122.

GAO Y, HUANG D, JIANG J, et al. , 2022. Influence of self-serving leadership on employees' helping behavior[J]. Social behavior and personality: an international journal, 50(1):1-11.

GEORGE J M, 2007. Creativity in organizations[J]. The academy of management annals, 1(1):439-477.

GEORGE J M, ZHOU J, 2007. Dual Tuning in a supportive context: Joint contributions of positive mood, negative mood, and supervisory behaviors to employee creativity[J]. Academy of management journal, 50(3):605-622.

GEORGESEN J, HARRIS M, 2006. Holding onto power: Effects of powerholders' positional instability and expectancies on interactions with subordinates [J]. European journal of social psychology, 36:451-468.

GLADSTEIN D L, 1984. Groups in context: A model of task group effectiveness[J]. Administrative science quarterly, 29(4):499.

GOLDBERG L S, GRANDEY A A, 2007. Display rules versus display autonomy: emotion regulation, emotional exhaustion, and task performance in a call center simulation[J]. Journal of occupational health psychology, 12(3):301-318.

GONZALEZ-MULÉ E, COURTRIGHT S H, DEGEEST D, et al. , 2016. Channeled autonomy: The joint effects of autonomy and feedback on team performance through organizational goal clarity[J]. Journal of management, 42(7):2018-2033.

GRAEN G B, UHL-BIEN M, 1995. Relationship-based approach to leadership: Development of leader-member exchange(LMX)theory of leadership over 25 years: Applying a multi-level multi-domain perspective[J]. The leadership quarterly, 6(2):219-247.

GRANDEY A, FOO S C, GROTH M, et al. , 2013. Free to be you and me: A climate of authenticity alleviates burnout from emotional labor[J]. Journal of occupational health psychology,17(1):1-14.

GRUND A, FRIES S, 2018. Understanding procrastination: A motivational approach [J]. Personality and individual differences(121):120-130.

GU J, SONG J, WU J, 2016. Abusive supervision and employee creativity in China: Departmental identification as mediator and face as moderator [J]. Leadership &organization development journal,37(8):1187-1204.

HACKMAN J R, 2002. Leading teams: Setting the stage for great performance [M]. Boston: Harvard Business School Press.

HALBESLEBEN J R B, NEVEU J P, UNDERDAHL S C P, e al., 2014. Getting to the "COR": Understanding the role of resources in conservation of resources theory [J]. Journal of management,40(5):1334-1364.

HAN J H, LIAO H, TAYLOR M S, et al. , 2018. Effects of high-performance work systems on transformational leadership and team performance: Investigating the moderating roles of organizational orientations [J]. Human resource management, 57(5):1065-1082.

HARRIS K J, KACMAR K M, ZIVNUSKA S, 2007. An investigation of abusive supervision as a predictor of performance and the meaning of work as a moderator of the relationship[J]. The leadership quarterly,18(3):252-263.

HAYNES K T, JOSEFY M, HITT M A, 2015. Tipping point: Managers' self-interest, greed, and altruism[J]. Journal of leadership & organizational studies,22 (3):265-279.

HE Y, CHEN P, TAO X, et al. , 2020. A research on the mechanism of the Impact of workplaceloneliness on the innovative behaviors of employees: Based on the perspective of affective theory journal of yunnan university of finance and economics [J]. Journal ofyunnan university of finance and economics,36(5):92-103.

HENSELER J, RINGLE C M, SARSTEDT M, 2015. A new criterion for assessing discriminant validity in variance-based structural equation modeling [J]. Journal of the academy of marketing science, 43(1):115–135.

HIRAK R, PENG A C, CARMELI A, et al., 2012. Linking leader inclusiveness to work unit performance: The importance of psychological safety and learning from failures [J]. The leadership quarterly, 23(1):107–117.

HOBFOLL S E, 1989. Conservation of resources: A new attempt at conceptualizing stress [J]. American psychologist, 44(3):513–524.

HOBFOLL S E, 2002. Social and psychological resources and adaptation [J]. Review of general psychology, 6(4):307–324.

HOEGL M, GEMUENDEN H G, 2001. Teamwork quality and the success of innovative projects: A theoretical concept and empirical evidence [J]. Organization science, 12(4):435–449.

HOFMANN D A, GAVIN M B, 1998. Centering decisions in hierarchical linear models: Implications for research in organizations [J]. Journal of management, 24(5): 623–641.

HOFSTEDE, 1993. Cultural constraints in management theories [J]. Academy of management perspectives, 7(1):81–94.

HU J, ERDOGAN B, JIANG K, et al., 2018. Leader humility and team creativity: The role of team information sharing, psychological safety, and power distance [J]. Journal of applied psychology, 103(3):313–323.

HUANG C C, JIANG P C, 2012. Exploring the psychological safety of R&D teams: An empirical analysis in Taiwan [J]. Journal of management & organization, 18 (2):175–192.

HUGHES D J, LEE A, TIAN A W, et al., 2018. Leadership, creativity, and innovation: A critical review and practical recommendations [J]. The leadership quarterly, 29(5):549–569.

HUI C, LEE C, ROUSSEAU D M, 2004. Employment relationships in China: Do workers relate to the organization or to people? [J]. Organization science, 15(2): 232–240.

HUI C, WONG A, TJOSVOLD D, 2007. Turnover intention and performance in China: The role of positive affectivity, Chinese values, perceived organizational support and constructive controversy [J]. Journal of occupational and organizational psychology, 80(4):735–751.

HÜLSHEGER U R, ANDERSON N, SALGADO J F, 2009. Team-level predictors of innovation at work: A comprehensive meta-analysis spanning three decades of research[J]. Journal of applied psychology, 94(5):1128–1145.

JAIN H C, 1983. Management of human resources and productivity [J]. Journal of business ethics, 2(4):273–289.

JAMES L R, 1982. Aggregation bias in estimates of perceptual agreement[J]. Journal of applied psychology, 67(2):219–229.

JAMES L R, DEMAREE R G, WOLF G, 1984. Estimating within-group interrater reliability with and without response bias[J]. Journal of applied psychology, 69(1): 85–98.

JAMES L R, DEMAREE R G, WOLF G, 1984. Estimating within-group interrater reliability with and without response bias[J]. Journal of applied psychology, 69(1): 85–98.

JANIS I L, 1982. Groupthink: Psychological studies of policy decisions and fiascos. boston: 2nd ed[M]. Boston: Houghton Mifflin.

JANSSEN O, 2004. How fairness perceptions make innovative behavior more or less stressful[J]. Journal of organizational behavior, 25(2): 201-215.

JANSSEN O, VAN YPEREN N W, 2004. Employees' goal orientations, the quality of leader-member exchange, and the outcomes of job performance and job satisfaction[J]. Academy of management journal, 47(3): 368-384.

JEX S M, 1998. Stress and job performance: theory, research, and implications for managerial practice—advanced topics in organizational behavior[M]. California: Sage Publications Ltd.

JIANG W, GU Q, 2016. How abusive supervision and abusive supervisory climate influence salesperson creativity and sales team effectiveness in China[J]. Management decision, 54(2): 455-475.

KAHN W A, 1990. Psychological conditions of personal engagement and disengagement at work[J]. Academy of management journal, 33(4): 692-724.

KAKAR A K, 2018. How do team cohesion and psychological safety impact knowledge sharing in software development projects?[J]. Knowledge and process management, 25(4): 258-267.

KANE A A, 2010. Unlocking knowledge transfer potential: Knowledge demonstrability and superordinate social identity[J]. Organization Science, 21(3): 643-660.

KATZ D, KAHN R L, 1966. The social psychology of organizations[M]. New York, NY: John Wiley.

KATZ D, KAHN R L, 1978. The social psychology of organizations: 2d ed[M]. New York: Wiley.

KIM D, CHOI D, VANDENBERGHE C, 2018. Goal-focused leadership, leader-member exchange, and task performance: The moderating effects of goal orientations and emotional exhaustion[J]. Journal of business and psychology, 33(5): 645-660.

KIPNIS D, 1972. Does power corrupt? [J]. Journal of personality and social psychology, 24(1):33−41.

KIRKMAN B L, CHEN G, FARH JL, et al. , 2009. Individual power distance orientation and follower reactions to transformational leaders: A cross−level, cross−cultural examination[J]. Academy of management journal, 52(4):744−764.

KLEYSEN R F, STREET C T, 2001. Toward a multi-dimensional measure of individual innovative behavior[J]. Journal of intellectual capital, 2(3):284−296.

KNIPPENBERG D V, KNIPPENBERG B V, CREMER D D, et al. , 2004. Leadership, self, and identity: A review and research agenda[J]. The leadership quarterly, 15(6):825−856.

KNIPPENBERG D V, SCHIPPERS M C, 2007. Work group diversity[J]. Annual review of psychology, 58(1):515−541.

KONG D T, VOLKEMA R, 2016. Cultural endorsement of broad leadership prototypes and wealth as predictors of corruption [J]. Social indicators research, 127 (1):139−152.

KOOPMANN J, LANAJ K, WANG M, et al. , 2016. Nonlinear effects of team tenure on team psychological safety climate and climate strength: Implications for average team member performance[J]. Journal of applied psychology, 101(7):940−957.

KOUCHAKI M, DESAI S D, 2015. Anxious, threatened, and also unethical: How anxiety makes individuals feel threatened and commit unethical acts[J]. Journal of applied psychology, 100(2):360−375.

KOZLOWSKI S W J, BELL B S, 2003. Work groups and teams in organizations[M]// BORMAN W C, ILGEN D R, KLIMOSKI R J. Handbook of psychology: Industrial and organizational psychology: Vol. 12. Hoboken, NJ, USA: John Wiley & Sons, Inc.

KOZLOWSKI S W J, KLEIN K J, 2000. A multilevel approach to theory and research in organizations: Contextual, temporal, and emergent processes [M]// KLEIN K J, KOZLOWSKI S W J. Multilevel theory, research and methods in organizations: foundations, extensions, and new directions. San Francisco: Jossey-Bass.

KOZLOWSKI S W, DOHERTY M L, 1989. Integration of climate and leadership: Examination of a neglected issue[J]. Journal of applied psychology, 74(4): 546-553.

LEE F, EDMONDSON A C, THOMKE S, et al., 2004. The mixed effects of inconsistency on experimentation in organizations [J]. Organization science, 15 (3): 310-326.

LEPINE M A, ZHANG Y, CRAWFORD E R, et al., 2016. Turning their Pain to gain: Charismatic leader influence on follower stress appraisal and job performance [J]. Academy of management journal, 59(3): 1036-1059.

LEROY H, DIERYNCK B, ANSEEL F, et al., 2012. Behavioral integrity for safety, priority of safety, psychological safety, and patient safety: A team-level study[J]. Journal of applied psychology, 97(6): 1273-1281.

LI A N, LIAO H, TANGIRALA S, et al., 2017. The content of the message matters: The differential effects of promotive and prohibitive team voice on team productivity and safety performance gains[J]. Journal of applied psychology, 102(8): 1259-1270.

LIAN H, FERRIS D L, BROWN D J, 2012. Does power distance exacerbate or mitigate the effects of abusive supervision? It depends on the outcome[J]. Journal of applied psychology, 97(1): 107-123.

LIANG J, FARH C I C, FARH J L, 2012. Psychological antecedents of promotive and prohibitive voice: A two-wave examination[J]. Academy of management journal, 55(1): 71-92.

LIAO H, CHUANG A, 2004. A multilevel investigation of factors influencing employee service performance and customer outcomes[J]. Academy of management journal, 47(1):41-58.

LIN S H J, JOHNSON R E, 2015. A suggestion to improve a day keeps your depletion away: Examining promotive and prohibitive voice behaviors within a regulatory focus and ego depletion framework[J]. The journal of applied psychology, 100 (5):1381-1397.

LIN S H, MA J, JOHNSON R E, 2016. When ethical leader behavior breaks bad: How ethical leader behavior can turn abusive via ego depletion and moral licensing [J]. Journal of applied Psychology, 101(6):815-830.

LIN W, MA J, WANG L, et al., 2015. A double-edged sword: The moderating role of conscientiousness in the relationships between work stressors, psychological strain, and job performance[J]. Journal of organizational behavior, 36(1):94-111.

LIPPONEN J, BARDI A, HAAPAMÄKI J, 2008. The interaction between values and organizational identification in predicting suggestion-making at work [J]. Journal of Occupational and organizational psychology, 81(2):241-248.

LIU C, LIU Y, MILLS M J, et al. , 2013. Job stressors, job performance, job dedication, and the moderating effect of conscientiousness: A mixed-method approach [J]. International journal of stress management, 20(4):336-363.

LIU H, CHIANG J T J, FEHR R, et al., 2017. How do leaders react when treated unfairly? Leader narcissism and self-interested behavior in response to unfair treatment[J]. Journal of applied psychology, 102(11):1590-1599.

LIU J, KWAN H K, WU L, et al. , 2010. Abusive supervision and subordinate supervisor-directed deviance: The moderating role of traditional values and the mediating role of revenge cognitions [J]. Journal of occupational and organizational psychology,83(4):835-856.

LIU L,WAN Z,LIN,et al. ,2022. The Influence of self-serving leadership on devi-
ant behaviors in the workplace:a moderated mediation model[J]. Frontiers in psy-
chology,13:825154.

LOI R,LAI J Y M,LAM L W,2012. Working under a committed boss:A test of the
relationship between supervisors' and subordinates' affective commitment [J].
The leadership quarterly,23(3):466-475.

LUTHANS F,2002. Positive organizational behavior:Developing and managing psy-
chological strengths[J]. Academy of management perspectives,16(1):57-72.

LVINA E,JOHNS G,VANDENBERGHE C,2018. Team political skill composition
as a determinant of team cohesiveness and performance[J]. Journal of manage-
ment,44(3):1001-1028.

MADJAR N,GREENBERG E,CHEN Z,2011. Factors for radical creativity,incre-
mental creativity,and routine,noncreative performance[J]. Journal of applied psy-
chology,96(4):730-743.

MAEL F,ASHFORTH B E,1992. Alumni and their alma mater:A partial test of the
reformulated model of organizational identification [J]. Journal of organizational
behavior,13(2):103-123.

MAGEE J C,GALINSKY A D,2008. Social hierarchy:The self-reinforcing nature of
power and status[J]. Academy of management annals,2(1):351-398.

MAGEE J C,SMITH P K,2013. The social distance theory of power[J]. Personality
and social psychology review,17(2):158-186.

MAGJUKA R J,BALDWIN T T,2006. Team-based employee involvement pro-
grams:Effects of design and administration [J]. Personnel psychology,44(4):
793-812.

MANER J, MEAD N, 2010. The essential tension between leadership and power: When leaders sacrifice group goals for the sake of self-interest[J]. Journal of personality and social psychology, 99:482-497.

MAO J Y, CHEN L, WU Y, 2017. A resource view examining leader competence and self-serving behavior on team performance[J]. Academy of management proceedings(1):12500.

MAO J Y, CHIANG J T J, CHEN L, et al., 2019. Feeling safe? A conservation of resources perspective examining the interactive effect of leader competence and leader self-serving behaviour on team performance [J]. Journal of occupational and organizational psychology, 92(1):52-73.

MAO J Y, ZHANG Y, CHEN L, et al., 2019. Consequences of supervisor self-interested behavior: a moderated mediation[J]. Journal of managerial psychology, 34(3):126-138.

MARTINKO M J, HARVEY P, BREES J R, et al. , 2013. A review of abusive supervision research[J]. Journal of organizational behavior, 34(S1):120-137.

MAY D R, GILSON R L, HARTER L M, 2004. The psychological conditions of meaningfulness, safety and availability and the engagement of the human spirit at work[J]. Journal of occupational and organizational psychology, 77(1):11-37.

MCCARHEY J, HRABLUIK C, JELLEY R B, 2009. Progression through the ranks: Assessing employee reactions to high-stakes employment testing [J]. Personnel psychology, 62(4):793-832.

MCCARTHY J M, TROUGAKOS J P, CHENG B H, 2016. Are anxious workers less productive workers? It depends on the quality of social exchange[J]. Journal of applied psychology, 101(2):279-291.

MERTENS W, RECKER J, KOHLBORN T, et al. , 2016. A Framework for the study of positive deviance in organizations[J]. Deviant behavior,37(11):1288-1307.

MICHALISIN M D,KARAU S J,TANGPONG C,2004. Top management team cohesion and superior industry returns:An empirical study of the resource-based view [J]. Group &organization management,29(1):125-140.

MILLER D T,1999. The norm of self-interest.[J]. American psychologist,54(12): 1053-1060.

MISCHEL W,SHODA Y,1995. A cognitive-affective system theory of personality: Reconceptualizing situations,dispositions,dynamics,and invariance in personality structure[J]. Psychological review,102(2):246-268.

MOAKE T R,OH N,STEELE C R,2019. The importance of team psychological safety climate for enhancing younger team members_ innovation-related behaviors in South Korea[J]. International journal of cross cultural management,19(3): 353-368.

MOGG K,MATHEWS A,BIRD C,et al.,1990. Effects of stress and anxiety on the processing of threat stimuli[J]. Journal of personality and social psychology,59 (6):1230-1237.

MOTOWIDLO S J,2003. Job performance [M]//BORMAN W C,ILGEN D R, KLIMOSKI R J. Handbook of psychology:Industrial and organizational psychology,New York,NY:John Wiley & Sons.

MOTOWIDLO S J,VAN SCOTTER J R,1994. Evidence that task performance should be distinguished from contextual performance[J]. Journal of applied psychology,79(4):475-480.

MULDER M,1971. Power equalization through participation?[J]. Administrative science quarterly,16(1):31.

MUMFORD M D,CONNELLY M S,1991. Leaders as creators:Leader performance

and problem solving in ill-defined domains[J]. The leadership quarterly, 2(4):
289-315.

MURAVEN M, BAUMEISTER R F, 2000. Self-regulation and depletion of limited
resources: Does self-control resemble a muscle?[J]. Psychological Bulletin, 126
(2):247-259.

MUSCHALLA B, LINDEN M, 2012. Specific job anxiety in comparison to general
psychosomatic symptoms at admission, discharge and six months after psychoso-
matic inpatient treatment[J]. Psychopathology, 45(3):167-173.

NEMANICH L A, VERA D, 2009. Transformational leadership and ambidexterity in
the context of an acquisition[J]. The leadership quarterly, 20(1):19-33.

O'REILLY C A, CALDWELL D F, BARNETT W P, 1989. Work group demography,
social integration, and turnover[J]. Administrative science quarterly, 34(1):21.

O'REILLY C A, CHATMAN J, 1986. Organizational commitment and psychological
attachment: The effects of compliance, identification, and internalization on proso-
cial behavior[J]. Journal of applied psychology, 71(3):492-499.

OC B, BASHSHUR M R, MOORE C, 2015. Speaking truth to power: The effect of
candid feedback on how individuals with power allocate resources[J]. Journal of
applied psychology, 100(2):450-463.

OC B, BASHSHUR M R, MOORE C, 2019. Head above the parapet: How minority
subordinates influence group outcomes and the consequences they face for doing so
[J]. Journal of applied psychology, 104(7):929-945.

OGUNFOWORA B, MAERZ A, VARTY C T, 2021. How do leaders foster morally
courageous behavior in employees? Leader role modeling, moral ownership, and
felt obligation[J]. Journal of organizational behavior, 42(4):483-503.

OLDHAM G R, CUMMINGS A, 1996. Employee creativity: Personal and contextual factors at work[J]. Academy of management journal,39(3):607−634.

ORTEGA A,BOSSCHE P V D,MANZANARES M S,et al. ,2014. The influence of change−oriented leadership and psychological safety on team learning in health-care teams[J]. Journal of business and psychology,29(2):311−321.

OZCELIK H,BARSADE S G,2018. No Employee an island:Workplace loneliness and job performance[J]. Academy of management journal,61(6):2343−2366.

PENG J,WANG Z,CHEN X,2019. Does self−serving leadership hinder team cre-ativity? A moderated dual−path model[J]. Journal of business ethics, 159 (2): 419−433.

PIERCE J L,GARDNER D G,CUMMINGS L L,et al. ,1989. Organization−based self−Esteem:Construct definition,measurement,and validation[J]. Academy of management journal,32(3):622−648.

PODSAKOFF P M,MACKENZIE S B,PODSAKOFF N P,2012. Sources of method bias in social science research and recommendations on how to control it[J]. An-nual review of psychology,63(1):539−569.

POST C,2012. Deep−level team composition and innovation:The mediating roles of psychological safety and cooperative learning[J]. Group &organization manage-ment,37(5):555−588.

PREACHER K J,HAYES A F,2008. Asymptotic and resampling strategies for as-sessing and comparing indirect effects in multiple mediator models[J]. Behavior research methods,40(3):879−891.

PULAKOS E D,ARAD S,DONOVAN M A,et al. ,2000. Adaptability in the work-place:Development of a taxonomy of adaptive performance[J]. Journal of applied psychology,85(4):612−624.

QIAN J,ZHANG W,QU Y,et al. ,2020. The enactment of knowledge sharing:The roles of psychological availability and team psychological safety climate [J]. Frontiers in psychology, 11:551366.

QING T, LING L, YAN Y, 2012. Team leadership, trust and team psychological safety: A mediation analysis [J]. Journal of psychological science, 35 (1): 208-212.

RAFFERTY A E, RESTUBOG S L D, 2011. The influence of abusive supervisors on followers' organizational citizenship behaviours: The hidden costs of abusive supervision [J]. British journal of management, 22(2):270-285.

RAJA U, JOHNS G, 2010. The joint effects of personality and job scope on in-role performance, citizenship behaviors, and creativity [J]. Human relations, 63(7): 981-1005.

RANDALL M L, CROPANZANO R, BORMANN C A, et al. , 1999. Organizational politics and organizational support as predictors of work attitudes, job performance, and organizational citizenship behavior [J]. Journal of organizational Behavior, 20(2):159-174.

REAGANS R, MCEVILY B, 2003. Network structure and knowledge transfer: The effects of cohesion and range [J]. Administrative science quarterly, 48(2):240-267.

RICH G A, 1997. The sales manager as a role model: Effects on trust, job satisfaction, and performance of salespeople [J]. Journal of the academy of marketing science, 25(4):319-328.

RICHARDSON M, DANFORD A, STEWART P, et al. , 2010. Employee participation and involvement: Experiences of aerospace and automobile workers in the UK and Italy [J]. European journal of industrial relations, 16(1):21-37.

RITZENHÖFER L, BROSI P, SPÖRRLE M, et al., 2019. Satisfied with the Job, but not with the boss: Leaders' expressions of gratitude and pride differentially signal leader selfishness, resulting in differing levels of followers' satisfaction [J]. Journal of business ethics, 158(4):1185-1202.

ROBERT C, PROBST T M, MARTOCCHIO J J, et al. , 2000. Empowerment and continuous improvement in the United States, Mexico, Poland, and India: Predicting fit on the basis of the dimensions of power distance and individualism [J]. Journal of applied psychology, 85(5):643-658.

ROBERTO M A, 2002. Lessons from everest: The interaction of cognitive bias, psychological safety, and system complexity [J]. California management review, 45 (1):136-158.

ROBERTS B W, WALTON K E, VIECHTBAUER W, 2006. Patterns of mean-level change in personality traits across the life course: A meta-analysis of longitudinal studies [J]. Psychological bulletin, 132(1):1-25.

ROCH S G, SHANNON C E, MARTIN J J, et al. , 2019. Role of employee felt obligation and endorsement of the just world hypothesis: A social exchange theory investigation in an organizational justice context [J]. Journal of applied social psychology, 49(4):213-225.

RODELL J B, JUDGE T A, 2009. Can "good" stressors spark "bad" behaviors? The mediating role of emotions in links of challenge and hindrance stressors with citizenship and counterproductive behaviors [J]. Journal of applied psychology, 94 (6):1438-1451.

ROTUNDO M, SACKETT P R, 2002. The relative importance of task, citizenship, and counterproductive performance to global ratings of job performance: A policy-capturing approach [J]. Journal of applied psychology, 87(1):66-80.

ROUSSIN C J, MACLEAN T L, RUDOLPH J W, 2014. The safety in unsafe teams: A multilevel approach to team psychological safety [J]. Journal of management, 42

(6):1409-1433.

ROUSSIN C J, WEBBER S S, 2012. Impact of organizational identification and psychological safety on initial perceptions of coworker trustworthiness[J]. Journal of business and psychology,27(3):317-329.

RUS D C,2009. The dark side of leadership:Exploring the psychology of leader self-serving behavior[D]. Erasmus research institute of management.

RUS D, KNIPPENBERG D V, WISSE B, 2010. Leader power and leader self-serving behavior:The role of effective leadership beliefs and performance information[J]. Journal of experimental social psychology,46(6):922-933.

RUS D, KNIPPENBERG D V, WISSE B, 2010. Leader self-definition and leader self-serving behavior[J]. The leadership quarterly,21(3):509-529.

RUS D, KNIPPENBERG D V, WISSE B, 2012. Leader power and self-serving behavior:The moderating role of accountability[J]. The leadership quarterly,23(1): 13-26.

SALANCIK G R, PFEFFER J, 1978. A social information processing approach to job attitudes and task design[J]. Administrative science quarterly,23(2):224.

SANDERS S, WISSE B M, YPEREN N W V, 2015. Holding others in contempt:The moderating role of power in the relationship between leaders' contempt and their behavior vis-a-vis employees[J]. Business ethics quarterly,25(2):213-241.

SCHAUBROECK J, LAM S S K, CHA S E, 2007. Embracing transformational leadership:Team values and the impact of leader behavior on team performance [J]. Journal of applied psychology,92(4):1020-1030.

SCHEIN E H, BENNIS W, 1965. Personal and organizational change through group methods:The laboratory approach[M]. New York:Wiley.

SCHILLING J, 2009. From ineffectiveness to destruction:A qualitative study on the meaning of negative leadership[J]. Leadership,5(1):102-128.

SCHMID E A,VERDORFER A P,PEUS C,2019. Shedding light on leaders' self-interest:Theory and measurement of exploitative leadership[J]. Journal of management,45(4):1401-1433.

SCHWARTZ S H,1992. Universals in the content and structure of values:Theoretical advances and empirical tests in 20 countries[M]//ZANNA M. Advances in experimental social psychology. New York:Academic Press.

SCHYNS B,SCHILLING J,2013. How bad are the effects of bad leaders? A meta-analysis of destructive leadership and its outcomes[J]. The leadership quarterly,24(1):138-158.

SCOTT S G,BRUCE R A,1994. Determinants of innovative behavior:A path model of individual innovation in the workplace[J]. Academy of management journal,37(3):580-607.

SEIBERT S E,KRAIMER M L,CRANT J M,2001. What do proactive people do? a longitudinal model linking proactive personality and career success[J]. Personnel psychology,54(4):845-874.

SHIN S J,YUAN F,ZHOU J,2017. When perceived innovation job requirement increases employee innovative behavior:A sensemaking perspective:Perceived innovation job requirement[J]. Journal of organizational behavior,38(1):68-86.

SMITH M B,WALLACE JC,JORDAN P,2016. When the dark ones become darker:How promotion focus moderates the effects of the dark triad on supervisor performance ratings:When the Dark Ones Become Darker[J]. Journal of organizational behavior,37(2):236-254.

STERNBERG R J,1997. Thinking styles [M]. New York:Cambridge University Press.

STOUTEN J, TRIPP T M, 2009. Claiming more than equality: Should leaders ask for forgiveness?[J]. The leadership quarterly, 20(3): 287-298.

SYDÄNMAANLAKKA P, 2002. An intelligent organization: integrating performance, competence and knowledge management[M]. Oxford: Capstone.

TAJFEL H, TURNER J C, 1986. The social identity theory of intergroup behavior [M]. Chicago: Nelson Hall.

TEKLEAB A G, TAYLOR M S, 2003. Aren't there two parties in an employment relationship? Antecedents and consequences of organization-employee agreement on contract obligations and violations[J]. Journal of organizational behavior, 24 (5): 585-608.

TEKLEAB A G, QUIGLEY N R, TESLUK P E, 2009. A longitudinal study of team conflict, conflict management, cohesion, and team effectiveness[J]. Group & organization management, 34(2): 170-205.

TETT R P, BURNETT D D, 2003. A personality trait-based interactionist model of job performance[J]. Journal of applied psychology, 88(3): 500-517.

THROUGAKOS J P, BEAL D J, GREEN S G, et al., 2008. Making the break count: An episodic examination of recovery activities, emotional experiences, and positive affective displays[J]. The academy of management journal, 51(1): 131-146.

TJOSVOLD D, 1998. Cooperative and competitive goal approach to conflict: Accomplishments and challenges[J]. Applied psychology, 47(3): 285-313.

TJOSVOLD D, HUI C, DING D Z, et al., 2003. Conflict values and team relationships: Conflict's contribution to team effectiveness and citizenship in China[J]. Journal of organizational behavior, 24(1): 69-88.

TSE H H M, DASBOROUGH M T, 2008. A study of exchange and emotions in team member relationships[J]. Group and organization management, 33(2): 194-215.

TUNG H, CHANG Y, 2011. Effects of empowering leadership on performance in management team: Mediating effects of knowledge sharing and team cohesion[J]. Journal of Chinese human resources management, 2(1): 43-60.

TURNER J C, HOGG M A, OAKES P J, et al. , 1987. Rediscovering the social group: A self-categorization theory[M]. Oxford: Blackwell.

TURNLEY W H, BOLINO M C, LESTER S W, et al. , 2003. The impact of psychological contract fulfillment on the performance of in-role and organizational citizenship behaviors[J]. Journal of management, 29(2): 187-206.

TYNAN R, 2005. The effects of threat sensitivity and face giving on dyadic psychological safety and upward communication [J]. Journal of applied social psychology, 35(2): 223-247.

VAN KNIPPENBERG D, 2000. Work motivation and performance: A social identity perspective[J]. Applied psychology, 49(3): 357-371.

WALDMAN D A, 1994. The contributions of total quality management to a theory of work performance[J]. Academy of management review, 19(3): 510-536.

WANG H, LAW K S, HACKETT R D, et al. , 2005. Leader-member exchange as a mediator of the relationship between transformational leadership and followers' performance and organizational citizenship behavior[J]. Academy of management journal, 48(3): 420-432.

WECH B A, MOSSHOLDER K W, STEEL R P, et al. , 1998. Does work group cohesiveness affect individuals' performance and organizational commitment?: a cross-level examination[J]. Small group research, 29(4): 472-494.

WEGGE J, DICK R Van, FISHER G K, et al. , 2006. A test of basic assumptions of affective events theory (AET) in call centre work [J]. British journal of management, 17(3): 237-254.

WEI W, HUANG C, ZHANG Q, 2019. The influence of negative mood on organizational citizenship behavior and counterproductive work behavior: A self-control perspective[J]. Management review, 31(12):146-158.

WEISS H, CROPANZANO R, 1996. Affective events theory: A theoretical discussion of the structure, cause and consequences of affective experiences at work [M]// STAW B M, CUMMINGS L L. Research in organizational behavior: An annual series of analytical essays and critical reviews. us: Elsevier Science/JAI Press.

WELBOURNE T M, JOHNSON D E, EREZ A, 1998. The role-based performance scale: validity analysis of a theory-based measure[J]. Academy of management journal, 41(5):540-555.

WENDT H, EUWEMA M C, VAN EMMERIK I J H, 2009. Leadership and team cohesiveness across cultures[J]. The leadership quarterly, 20(3):358-370.

WEST M A, 2002. Sparkling fountains or stagnant ponds: An integrative model of creativity and innovation implementation in work groups: Creativity and innovation implementation[J]. Applied psychology, 51(3):355-387.

WEST M A, FARR J L, 1989. Innovation at work: Psychological perspectives[J]. Social behaviour, 4(1):15-30.

WILLIAMS L J, ANDERSON S E, 1991. Job satisfaction and organizational commitment as predictors of organizational citizenship and in-role behaviors[J]. Journal of management, 17(3):601-617.

WILLIAMS M J, 2014. Serving the self from the seat of power: goals and threats predict leaders' self-interested behavior[J]. Journal of management, 40(5):1365-1395.

WU L, LIU J, LIU G, 2009. Abusive supervision and employee performance: mechanisms of traditionality and trust[J]. Actapsychologicasinica, 41(6):510-518.

WU X, KWAN H K, WU L Z, et al. , 2018. The effect of workplace negative gossip on employee proactive behavior in China: The moderating role of traditionality[J]. Journal of business ethics, 148(4):801-815.

XIE J, SCHAUBROECK J, LAM S S K, 2008. Theories of job stress and the role of traditional values: A longitudinal study in China[J]. Journal of applied psychology, 93(4):831-848.

YANG J, MOSSHOLDER K W, PENG T K, 2007. Procedural justice climate and group power distance: An examination of cross-level interaction effects.[J]. Journal of applied psychology, 92(3):681-692.

YE X, ZHANG Y, YANG L, 2021. The impact of team performance pressure on individual withdrawal behavior: A cross-level analysis[J]. Chinese journal of management(18):371-380.

YORGES S L, WEISS H M, STRICKLAND O J, 1999. The effect of leader outcomes on influence, attributions, and perceptions of charisma[J]. Journal of applied psychology, 84(3):428-436.

YUKL G A, 2013. Leadership in organizations[M]. 8th Edition. Upper Saddle River: Prentice-Hall.

YUKL G, 2006. Leadership in organizations [M]. Upper Saddle River, NJ: Pearson Education.

YUKL G, FLEET D D V, 1992. Theory and research on leadership in organisations [M]. Consulting Psychologists Press: Palo Alto, CA.

ZENGER T R, LAWRENCE B S, 1989. Organizational demography: The differential effects of age and tenure distributions on technical communication[J]. Academy of management journal, 32(2):353-376.

ZHANG X IAOMENG, BARTOL K M, 2010. Linking empowering leadership and employee creativity: The influence of psychological empowerment, intrinsic motivation, and creative process engagement[J]. Academy of management journal, 24 (5):107-128.

ZHANG Y, SUN J, SHAFFER M A, et al. , 2022. High commitment work systems and employee well-being: The roles of workplace friendship and task interdependence[J]. Human resource management, 61(4):399-421.

ZHOU J, GEORGE J M, 2001. When job dissatisfaction leads to creativity: Encouraging the expression of voice[J]. Academy of management journal, 44(4):682-696.

ZHOU L, WANG M, CHEN G, et al. , 2012. Supervisors' upward exchange relationships and subordinate outcomes: Testing the multilevel mediation role of empowerment[J]. Journal of applied psychology, 97(3):668-680.

附　录　调查问卷

调查问卷施测说明

1. 问卷构成(每套)

(1)问卷填写说明一份。

(2)团队主管调查问卷一份(评价员工问卷五份、评价团队问卷1份)(Time 3)。

(3)团队员工调查问卷Time 1和Time 2各五份。

(4)大信封两个、小信封十一个、档案袋一个。

2. 填写说明

(1)请您以团队为单位发放问卷,由您填写团队主管调查问卷,并挑选五位直属员工参与并填写团队员工调查问卷。

(2)填写前请在团队成员调查问卷首页顶部右上角标记团队员工的代码,同时将此编号填写在团队主管调查问卷的指定位置。

(3)请您于时间点1协助发放团队成员调查问卷(Time 1);在时间点2协助发放团队成员调查问卷(Time 2),在时间点3协助发放团队领导调查问卷(Time 3),填写团队主管调查问卷。

(4)请您以团队为单位发放问卷,由您填写团队主管调查问卷,并随机选择5名团队员工参与并填写团队员工调查问卷。

3. 资料回收

(1)问卷填写完毕后请一律放回信封并用预先准备的双面胶进行封装;

(2)所有密封好的问卷请直接交回联系人。

员工问卷调查T1

员工编码：

尊敬的女士/先生：

　　您好！

　　感谢您在百忙之中抽空填写本问卷！这是一份以部门（或团队）成员为对象，针对领导方式进行研究的问卷。您的支持与合作将使我们获得来自实际组织环境中的宝贵意见，有利于我们提出针对性的管理建议。

　　以下是研究者向您所做的四项保证，希望您能放心填答。

　　1．本问卷将纯粹作为学术研究之用。

　　2．问卷数据将完全保密，不会对外公开，也不会在贵公司留下任何记录。

　　3．撰写学术成果时，将只报告整体趋势，不会报告个别数据。

　　4．如果您对本研究结果感兴趣，我们承诺在具体的研究结果出来后及时向您反馈。

　　在接下来的几页中，您将会看见几种不同类型的题目，所有题目都没有所谓的「对」与「错」。请先详细阅读每一部分的答题说明，再根据您个人真实的感受与想法，对题目进行判断并在相应选项对应的数字上打"√"。正常情况下，专心作答所需的填答时间应在10分钟以内。完成作答的问卷，请放入信封中封好，因此除研究者以外的人员无法看到问卷填写的内容。最后，请填答完毕后将问卷密封于我们提供给您的信封中，并尽快将其交予调查者。

　　再次谢谢您的合作。祝您身体健康、工作顺利！

第一部分:以下是您的个人基本资料,请您选择或填写。

1. 性别:□男　□女

2. 年龄:　　岁

3. 学历:□初中及以下　　□高中(职高)

　　　　□专科及本科　　□硕士研究生及以上

4. 本公司任职年限:　　年

5. 和直接领导共事年限:　　年

问卷1. 下面是对您的直接领导的一些描述,请根据您的实际感受进行评价,并在相应的数字上打"√"。

1=非常不同意;2=有些不同意;3=不好确定;4=有些同意;5=非常同意。

1. 我的领导为了提升自己在公司的地位会伪造事实。	1	2	3	4	5
2. 我的领导是自私的,并认为自己是非常重要的。	1	2	3	4	5
3. 我的领导仅为自己着想,而不会替下属考虑。	1	2	3	4	5
4. 我的领导使用公司资源为自己获利。	1	2	3	4	5

问卷2. 下面是对您个人的一些描述,请选择您同意的程度,并在对应的数字上打"√"。

1=非常不同意;2=有些不同意;3=不好确定;4=有些同意;5=非常同意。

1. 我认为当人们有争议时,应该请最年长的人来决定谁是对的。	1	2	3	4	5
2. 我认为孩子应该尊重父母所尊敬的人。	1	2	3	4	5
3. 我认为避免错误的最好方法是遵循长辈的指示。	1	2	3	4	5
4. 我认为女人婚前要服从父亲,婚后要服从丈夫。	1	2	3	4	5
5. 我认为领导就应该像一家之主一样,员工应该服从他在公司所有问题上的决定。	1	2	3	4	5

问卷3. 下面是对您个人的一些描述,请选择您同意的程度,并在对应的数字上打"√"。

1=非常不同意;2=有些不同意;3=不好确定;4=有些同意;5=非常同意。

1. 我认为公司内的主要决策都应由领导决定,不需要征询员工的意见。	1	2	3	4	5

问卷3. 下面是对您个人的一些描述,请选择您同意的程度,并在对应的数字上打"√"。
1=非常不同意;2=有些不同意;3=不好确定;4=有些同意;5=非常同意。

2. 我认为领导在处理下属相关的事情时,有必要经常使用权威和权力。	1	2	3	4	5
3. 我认为领导应尽量减少咨询员工意见。	1	2	3	4	5
4. 我认为领导应当避免与员工有工作之外的交往。	1	2	3	4	5
5. 我认为员工不应该表达与领导不同的意见。	1	2	3	4	5
6. 我认为领导不应该将重要的任务委托给员工。	1	2	3	4	5

　　问卷至此结束,您辛苦了! 最后请您检查有无遗漏的题项,谢谢您的合作!

员工问卷调查 T2

员工编码：

尊敬的女士/先生：

您好！

感谢您在百忙之中抽空填写本问卷！这是一份以部门（或团队）成员为对象，针对领导方式进行研究的问卷。您的支持与合作将使我们获得来自实际组织环境中的宝贵意见，有利于我们提出针对性的管理建议。

以下是研究者向您所做的四项保证，希望您能放心填答。

1. 本问卷将纯粹作为学术研究之用。

2. 问卷数据将完全保密，不会对外公开，也不会在贵公司留下任何记录。

3. 撰写学术成果时，将只报告整体趋势，不会报告个别数据。

4. 如果您对本研究结果感兴趣，我们承诺在具体的研究结果出来后及时向您反馈。

在接下来的几页中，您将会看见几种不同类型的题目，所有题目都没有所谓的"对"与"错"。请先详细阅读每一部分的答题说明，再根据您个人真实的感受与想法，对题目进行判断并在相应选项对应的数字上打"√"。正常情况下，专心作答所需的填答时间应在10分钟以内。完成作答的问卷，请放入信封中封好，因此除研究者以外的人员无法看到问卷填写的内容。最后，请填答完毕后将问卷密封于我们提供给您的信封中并尽快将其交予调查者。

再次谢谢您的合作。祝您身体健康、工作顺利！

问卷1. 下面是对您个人的一些描述,请选择您同意的程度,并在相应的数字上打"√"。

1=非常不同意;2=有些不同意;3=不好确定;4=有些同意;5=非常同意。

1. 工作中,我感觉到焦虑。	1	2	3	4	5
2. 工作中,我感觉到紧张。	1	2	3	4	5

问卷2. 下面是对您部门(团队)的描述,请根据您的真实感受,并在相应的数字上打"√"。

1=非常不同意;2=有些不同意;3=不好确定;4=有些同意;5=非常同意。

1. 我认为自己有义务尽我所能帮助团队实现其目标。	1	2	3	4	5
2. 我对团队心怀感激,为了实现团队目标我会全力以赴。	1	2	3	4	5
3. 我有责任确保我可以高质量地完成自己的工作。	1	2	3	4	5
4. 如果团队需要,我认为我有义务抽出时间来帮助团队。	1	2	3	4	5
5. 如果我没有达到团队的绩效标准,我会感到愧疚。	1	2	3	4	5

问卷3. 下面是对您部门(团队)的描述,请根据您的真实感受,并在相应的数字上打"√"。

1=非常不同意;2=有些不同意;3=不好确定;4=有些同意;5=非常同意。

1. 当有人称赞我的团队时,感觉像是对我的赞美。	1	2	3	4	5
2. 我很好奇别人对我团队的看法。	1	2	3	4	5
3. 当有人批评我的团队时,我感觉是对我的侮辱。	1	2	3	4	5
4. 当我谈论我的团队时,我通常会用"我们"而不是"他们"指代。	1	2	3	4	5
5. 团队的成功就是我的成功。	1	2	3	4	5
6. 如果外界舆论批评我的团队,我会感到尴尬和不安。	1	2	3	4	5

问卷4. 下面是对您部门(团队)的描述,请根据您的真实感受,并在相应的数字上打"√"。

1=非常不同意;2=有些不同意;3=不好确定;4=有些同意;5=非常同意。

1. 我非常乐意在现在的团队中工作。	1	2	3	4	5
2. 我所在的团队是我遇到的最好的团队之一。	1	2	3	4	5
3. 我对自己所在的团队的工作非常热心。	1	2	3	4	5
4. 我把自己看作是团队中的一部分。	1	2	3	4	5
5. 我认为自己是团队中的一员。	1	2	3	4	5

续表

问卷4.下面是对您部门(团队)的描述,请根据您的真实感受,并在相应的数字上打"√"。 1=非常不同意;2=有些不同意;3=不好确定;4=有些同意;5=非常同意。					
6.我对自己所在的团队有一种归属感。	1	2	3	4	5
问卷5.下面是对您部门(团队)成员的描述,请根据您的真实感受,并在相应的数字上打"√"。 1=非常不同意;2=有些不同意;3=不好确定;4=有些同意;5=非常同意。					
1.在我的团队中,即使我犯了错,团队成员也不会对我有意见。	1	2	3	4	5
2.在我的团队中,成员可以提出问题及难题。	1	2	3	4	5
3.在我的团队中,成员不会因为意见不同而排斥他人。	1	2	3	4	5
4.在我的团队中,采取冒险行为(比如表达自己的看法)是安全的。	1	2	3	4	5
5.在我的团队中,向其他成员寻求帮助并不困难。	1	2	3	4	5
6.在我的团队中,没有人会故意破坏我的工作成果。	1	2	3	4	5
7.与团队成员一起工作时,我的独特技能和才能会得到重视和利用。	1	2	3	4	5

问卷至此结束,您辛苦了! 最后请您检查有无遗漏的题项,谢谢您的合作!

团队领导问卷调查T3

团队编码：

尊敬的主管：

您好！

感谢您在百忙之中抽空填写本问卷！本次调研的目的是希望通过了解您所领导的团队（或部门）成员的一些表现。您的支持与合作将使我们获得来自实际组织环境中的宝贵意见，有利于我们提出针对性的管理建议。

以下是研究者向您所做的四项保证，希望您能放心填答。

1. 本问卷将纯粹作为学术研究之用。

2. 问卷数据将完全保密，不会对外公开，也不会在贵公司留下任何记录。

3. 撰写学术成果时，将只报告整体趋势，不会报告个别数据。

4. 如果您对本研究结果感兴趣，我们承诺在具体的研究结果出来后及时向您反馈。

在接下来的题目中，您需要对您所领导的团队（或部门）及员工的一些表现进行评价，所有题目都没有所谓的「对」与「错」。请先详细阅读每一部分的答题说明，再根据您个人真实的感受与想法，对题目进行判断并在相应选项对应的数字上打"√"。评价之前，请您确认下属编码及姓名，并对其进行评价（因为需要与下属填写的问卷进行配对）。正常情况下，专心作答所需的填答时间应在10分钟以内。完成作答的问卷，请放入信封中封好，因此除研究者以外的人员无法看到问卷填写的内容。

再次谢谢您的合作。祝您身体健康、工作顺利！

第一部分：以下是您的个人基本资料，请您选择或填写。

1. 性别：□男 　□女

2. 年龄： 　岁

3. 学历：□初中及以下 　□高中(职高)

　　　　　□专科及本科 　□硕士研究生及以上

4. 您所在的部门(团队)人数： 　人

5. 您在本公司工作了多长时间： 　年

第二部分:评价团队问卷

问卷1. 请根据以下描述对您所管理部门(或团队)进行评价,并在相应的数字上打"√"。

1=非常不同意;2=有些不同意;3=不好确定;4=有些同意;5=非常同意。

1.本团队工作绩效高。	1	2	3	4	5
2.本团队的大部分任务都能被很快且有效率地完成。	1	2	3	4	5
3.本团队总是设定较高的工作标准。	1	2	3	4	5
4.本团队总是能高标准地完成工作。	1	2	3	4	5
5.本团队总能完成既定目标。	1	2	3	4	5

第三部分:评价员工问卷

在开始这部分问卷填写前,请您确认下属员工编码和姓名后对该下属员工的表现进行评价。

员工信息:

问卷1. 请根据以下描述对该员工进行评价,并在相应的数字上打"√"。					
1=非常不同意;2=有些不同意;3=不好确定;4=有些同意;5=非常同意。					
1. 该员工总是寻求应用新的流程、技术与方法。	1	2	3	4	5
2. 该员工经常提出有创意的点子和想法。	1	2	3	4	5
3. 该员工经常与别人沟通并推销自己的新想法。	1	2	3	4	5
4. 为了实现新想法,该员工想办法争取所需资源。	1	2	3	4	5
5. 为了实现新想法,该员工制订合适的计划和规划。	1	2	3	4	5
6. 整体而言,该员工是一个具有创新精神的人。	1	2	3	4	5
问卷3. 请根据以下描述对该员工进行评价,并在相应的数字上打"√"。					
1=非常不同意;2=有些不同意;3=不好确定;4=有些同意;5=非常同意。					
1. 该员工充分完成他/她的任务。	1	2	3	4	5
2. 该员工履行他/她的工作职责。	1	2	3	4	5
3. 该员工完成要求他/她完成的任务。	1	2	3	4	5
4. 该员工符合所在职位的绩效要求。	1	2	3	4	5

问卷至此结束,您辛苦了! 最后请您检查有无遗漏的题项,谢谢您的合作!

后　　记

在本书即将付梓之时，我衷心感谢那些在幕后给予我支持与无私帮助的领导、同事、朋友及家人，向他们表达我最深的感激之意。

肖小虹教授及我的导师刘良灿教授，他们对我的学业提供了宝贵的建议与指导。特别是刘良灿教授，在问卷收集和本书的撰写过程中，给予了我极大的支持，使我获益良多。同时，我也要感谢张亚军老师和陆露老师在学术素养培养方面给予我的支持。与两位老师的交流促进了我在阅读文献、发现创新点及设计研究结构等学术能力方面的成长。此外，贵州商学院管理学院的赵庆博士、张新启博士和陈江涛博士在研究设计和撰写过程中，也提供了许多宝贵的建议。

在撰写书稿过程中，我的多位同学和同事在实证方法和写作思路方面给予了宝贵的经验。张磊同学在自身科研任务极为繁重的情况下，依然耐心细致地解答我的问题，并分享了他总结的方法，促进了我的学术成长。同时，我也要感谢易红师妹、林燕平师妹、许浩然师弟和田庆宏师弟，他们耐心地为我解答疑惑。此外，我的同事刘永久博士和张媛老师也在我遇到困难时及时伸出援手，提供了无私的帮助。

本书所依据的数据，得益于我的朋友及已毕业的学生们的不懈努力。他们积极地与参与者取得联系，并协助发放与收集问卷。鉴于问卷的发放与收集跨越了三个不同的时间点，流程颇为复杂，工作量巨大。他们不辞辛劳，耐心地与团队中的同事及其他团队中熟识的朋友保持沟通，确保问卷能够按时、按量完成。正是由于他们的积极参与与不懈努力，本研究得以顺利完成，本书内容也得以不断丰富与完善。

在此,衷心感谢我的父母,他们不遗余力地帮助我们照顾两个孩子。同时,我也要向我的妻子王丽表达最深的感激之情,她在我面对工作和学习上的挑战时,总是给予我精神上的鼓励,并肩负起了教育子女的重任。

在本书的撰写过程中,本人参阅了诸多学者的研究成果,并在此向他们表达衷心的感谢。同时,鉴于本人能力所限,本书可能存在若干疏漏与不足之处,诚恳地期待读者提出宝贵的意见和批评。